Monika A. Pohl

30 Minut

Gelassenheit

© 2014 SAT.1 www.sat1.de Lizenz durch ProSiebenSat.1 Licensing GmbH, www.prosiebensat1licensing.com

Bibliografische Information der Deutschen Nationalbibliothek

Die Deutsche Nationalbibliothek verzeichnet diese Publikation in der Deutschen Nationalbibliografie; detaillierte bibliografische Daten sind im Internet über http://dnb.d-nb.de abrufbar.

Umschlaggestaltung: die imprimatur, Hainburg
Umschlagkonzept: Martin Zech Design, Bremen
Lektorat: Eva Gößwein, GABAL Verlag GmbH, Offenbach
Satz: Zerosoft, Timisoara (Rumänien)
Druck und Verarbeitung: Salzland Druck, Staßfurt

© 2014 GABAL Verlag GmbH, Offenbach

Hinweis:
Das Buch ist sorgfältig erarbeitet worden. Dennoch erfolgen alle Angaben ohne Gewähr. Weder die Autorin noch der Verlag können für eventuelle Nachteile oder Schäden, die aus den im Buch gemachten Hinweisen resultieren, eine Haftung übernehmen.

Printed in Germany

ISBN 978-3-86936-607-4

In 30 Minuten wissen Sie mehr!

Dieses Buch ist so konzipiert, dass Sie in kurzer Zeit prägnante und fundierte Informationen aufnehmen können. Mithilfe eines Leitsystems werden Sie durch das Buch geführt. Es erlaubt Ihnen, innerhalb Ihres persönlichen Zeitkontingents (von 10 bis 30 Minuten) das Wesentliche zu erfassen.

Kurze Lesezeit

In 30 Minuten können Sie das ganze Buch lesen. Wenn Sie weniger Zeit haben, lesen Sie gezielt nur die Stellen, die für Sie wichtige Informationen beinhalten.

- Alle wichtigen Informationen sind blau gedruckt.

- Schlüsselfragen mit Seitenverweisen zu Beginn eines jeden Kapitels erlauben eine schnelle Orientierung: Sie blättern direkt auf die Seite, die Ihre Wissenslücke schließt.

- *Zahlreiche Zusammenfassungen innerhalb der Kapitel erlauben das schnelle Querlesen.*

- Ein Fast Reader am Ende des Buches fasst alle wichtigen Aspekte zusammen.

- Ein Register erleichtert das Nachschlagen.

Inhalt

Vorwort

In der Ruhe liegt die Kraft!

Jeder von uns kennt das Gefühl der emotionalen Anspannung – Augenblicke, in denen sich Unmut und Ärger breitmachen und wir kurz davor sind, aus der Haut zu fahren. Manchmal nehmen wir sie bewusst wahr, werden zum stillen Beobachter, leiden innerlich. Da wir aber keinen klaren Gedanken fassen können, der uns zu ein wenig Distanz verhilft, finden wir auch keinen Ansatzpunkt, um den Lauf der Dinge zu durchbrechen. Ein anderes Mal bemerken wir den Vulkanausbruch erst, wenn die Aschewolken vorüber sind. Plötzlich wird uns das Ausmaß der Verwüstung klar. Dabei ist dieser Ratgeber keinesfalls nur etwas für Choleriker, die ihre Emotionen nicht im Griff haben. Von Zeit zu Zeit erwischt uns alle – den einen öfter, den anderen seltener – das Gefühl, das Ruder aus der Hand zu verlieren.

Das vorliegende Buch hat zum Ziel, Ihnen Möglichkeiten aufzuzeigen, rechtzeitig gegenzusteuern und ebendiese Momente in Ihrem Leben auf ein Minimum zu reduzieren, indem Sie Gelassenheit entwickeln. Es zeigt Ihnen Zusammenhänge zwischen den einzelnen Aspekten der Gelassenheit auf, die als Säulen des Tempels bezeichnet werden, und macht Ihnen hoffentlich Mut, diese als Hilfestellung anzunehmen, um sich selbst besser im Alltag zu regulieren. Übungen unterstützen Sie dabei, die einzelnen Ressourcen für sich zu entdecken und zu trainieren.

„Selten wird etwas so heiß gegessen, wie es gekocht wird", heißt es. Machen Sie also aus der Mücke keinen Elefanten, sondern richten Sie Ihre Aufmerksamkeit auf die positiven Dinge im Leben. Denn die sind es wert, wahrgenommen zu werden. Wenn Sie sich zudem darin üben, mehr über sich selbst zu lachen und gute Laune zu Ihrer Kraftquelle zu machen, ändern Sie mit der Zeit Ihre eigene Erwartungshaltung und gleichzeitig Ihre Sicht auf Situationen, Begegnungen mit anderen Menschen sowie unvorhergesehene Ereignisse. Sie gehen gestärkt und gelassen durch das Leben und leisten durch diese Haltung ganz nebenbei einen wertvollen Beitrag zu Ihrer physischen und psychischen Gesundheit!

In diesem Sinne wünsche ich Ihnen viel Erfolg, neue Erkenntnisse und Freude beim Lesen und Ausprobieren.

Ihre
Monika Alicja Pohl

> Dieses Buch widme ich den Menschen,
> die mir ganz besonders am Herzen liegen
> und regelmäßig meine Gelassenheit
> auf die Probe stellen
> – meiner Familie.
> Sie waren und sind mir die besten Coaches.
> Ich liebe Euch!

30 MINUTEN

1. Der Tempel der Gelassenheit

Wenn Sie zu den Menschen gehören, die gerne in Bildern denken, stellen Sie sich Ihren eigenen Tempel vor, mit allem, was für Sie dazugehört. Lassen Sie Ihrer Kreativität dabei freien Lauf. Betrachten Sie das Treiben um Sie herum einmal aus der Sicht eines Beobachters. Dabei sitzen Sie vollkommen entspannt auf einem Thron, das Zepter in der Hand, und schauen dem Geschehen gelassen und vielleicht zwischendurch auch amüsiert zu. Eine gewisse Distanz zu den Herausforderungen des Alltags zu gewinnen, kann oft Wunder bewirken – üben Sie sich regelmäßig darin.

Ich empfehle Ihnen, den vorliegenden Leitfaden als eine Art Arbeitsbuch zu nutzen, in dem Sie sich zu den einzelnen Themen und Aufgaben Notizen machen. Sie können bei Bedarf Übungen wiederholen, bereits Gelesenes reflektieren und von Zeit zu Zeit den Status quo Ihrer Gelassenheit überprüfen. So bleiben Sie am Ball und werden schon in Kürze eine positive Veränderung feststellen können.

1.1 Was ist Gelassenheit?

Bevor wir uns in den Tempel der Gelassenheit wagen, kurz zur Klärung: Gelassenheit hat nichts mit Gleichgültigkeit zu tun. Während Gleichgültigkeit in den meisten Fällen von Desinteresse zeugt, basiert Gelassenheit auf der Fähigkeit, besonders in schwierigen Situationen innere Ruhe zu bewahren und angemessen zu reagieren, ohne sich emotional zu verausgaben. Denn wer in brenzligen Angelegenheiten das innere Gleichgewicht verliert, fühlt sich mit der Zeit leer und ausgebrannt und manövriert sich auf lange Sicht in ein Burnout. Gelassenheit dagegen kann Sie dabei unterstützen, mehr Lebensfreude im Alltag zu generieren, gesund zu bleiben und sich rundum wohlzufühlen. Sie ist ein Prozess ebenso wie eine Fähigkeit und kann geübt, erlernt und gezielt eingesetzt werden.

In der Abbildung auf der nächsten Seite sehen Sie die vier Bausteine der Gelassenheit als tragende Säulen dargestellt: Achtsamkeit, Spiritualität, Glück, Humor. Jede Säule ist ein Thema für sich; zusammengenommen machen sie die Kunst, über den Dingen zu stehen, erst möglich. Um herauszufinden, wovon es Ihnen aktuell am meisten mangelt, empfehle ich einen kurzen Selbst-Check.

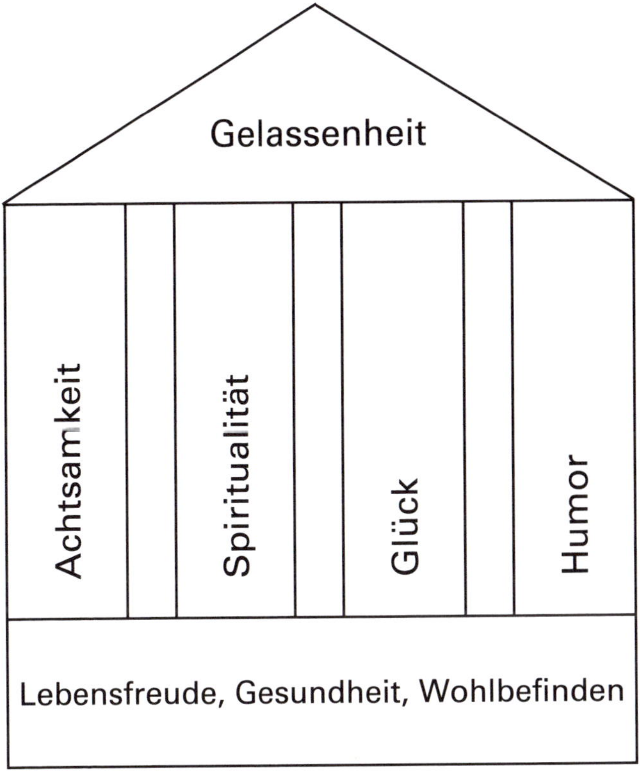

Gelassenheit

Achtsamkeit Spiritualität Glück Humor

Lebensfreude, Gesundheit, Wohlbefinden

Abb. 1 Tempel der Gelassenheit

Gelassenheit hat nichts mit Gleichgültigkeit zu tun. Gelassen zu sein heißt, die innere Balance zu wahren, um besonders in schwierigen Situationen entspannt und angemessen zu reagieren.

1.2 Ihr Gelassenheitsprofil

Gehen Sie den nachfolgenden Fragebogen Schritt für Schritt durch. Entscheiden Sie sich immer nur für eine Antwort, auch dann, wenn Sie der Meinung sind, je nach Situation trifft mal ein Ja und mal ein Nein zu. Hören Sie auf Ihr Bauchgefühl und intellektualisieren Sie nicht. So werden Sie mit hoher Wahrscheinlichkeit den vorherrschenden Grundton Ihrer momentanen Einstellung und Verfassung treffen.

Achtsamkeit	Ja ☺	Nein ☹
Gelingt es Ihnen regelmäßig, im Hier und Jetzt präsent zu sein, ohne dauernd in die Vergangenheit oder Zukunft abzuschweifen?		
Genießen Sie für gewöhnlich Ihre Mahlzeiten und nehmen den Geruch und Geschmack der Speisen bewusst wahr?		
Wenn Sie sich mit anderen austauschen, hören Sie aufmerksam zu und wählen Ihre Worte mit Bedacht?		
Sind Sie geduldig mit sich selbst und mit Ihren Mitmenschen?		
Können Sie sich mit Gegebenheiten, die sich nicht ändern lassen, ohne Leid und Widerstand aussöhnen?		

Spiritualität	Ja ☺	Nein ☹
Haben Sie in den letzten fünf Jahren beruflich oder privat etwas erfahren, das Sie stolz macht?		
Gibt es Wünsche und Visionen, an deren Verwirklichung Sie aktuell arbeiten?		
Haben Sie sich schon einmal Gedanken darüber gemacht, was Sie antreibt und beflügelt?		
Können Sie sich mit dem Begriff „Spiritualität" anfreunden?		
Fällt es Ihnen grundsätzlich leicht, mit anderen Menschen mitzufühlen, Freude und Leid zu empfinden?		

Glück	Ja ☺	Nein ☹
Haben Sie in den letzten Wochen etwas erfahren, das Sie als Glück bezeichnen würden?		
Fühlen Sie sich momentan glücklich?		
Gibt es in Ihrem Leben regelmäßig Augenblicke, für die Sie dankbar sind?		
Können Sie spontan mindestens drei Quellen des Glücks aufzählen?		

Glauben Sie daran, dass sich Glück beeinflussen lässt?		

Humor	Ja ☺	Nein ☹
Können Sie grundsätzlich gut über sich selbst lachen?		
Macht eine herzhafte Lachattacke Sie glücklich?		
Gehören Sie zu den Menschen, die gerne einen Witz oder eine lustige Pointe in eine gesellige Runde einwerfen?		
Schauen Sie sich gerne lustige Filme oder Sendungen an?		
Würde es Ihnen Freude bereiten, mit einem Star-Comedian als Gast auf Ihrer nächsten Geburtstagsparty überrascht zu werden?		

Auswertung

Sie haben es geschafft und hoffentlich alle Fragen wahrheitsgemäß beantwortet. Jetzt geht es an die Auswertung: Zählen Sie im nächsten Schritt die Nein-Antworten und tragen die Anzahl in das Kästchen unter dem jeweiligen Fragenblock ein.

Haben Sie drei oder mehr Fragen bei einem der vier Themen mit Nein beantwortet, ist es dringend an der Zeit, sich intensiv mit genau diesem Aspekt der Gelassenheit auseinanderzusetzen und daran zu feilen. Verlieren Sie dabei aber nicht das große Ganze aus dem Blick. Daher empfehle ich, in jedem Fall auch die anderen Bereiche durchzuarbeiten. Sicher wird es Sichtweisen geben, die neu für Sie sind und Sie auf dem Weg zu mehr Gelassenheit unterstützen werden.

Wenn Sie mögen, lassen Sie einen guten Freund, eine gute Freundin oder Ihren Partner den Selbst-Check für Sie durchführen. So können Sie herausfinden, wie Menschen, die Ihnen nahestehen, Sie einschätzen und wie Sie auf andere wirken.

Gelassenheit setzt sich aus vier Bausteinen zusammen:
- *Achtsamkeit*
- *Spiritualität*
- *Glück*
- *Humor*

30

Bildlich ausgedrückt sind dies die tragenden Säulen, die den Tempel der Gelassenheit bilden. Wie stabil die einzelnen Säulen bei Ihnen sind und in welchem Bereich Sie am meisten an sich arbeiten sollten, um mehr Gelassenheit zu erlangen, verrät Ihnen Ihr Gelassenheitsprofil.

30 MINUTEN

2. Achtsamkeit

Die Methode der Achtsamkeit hat ihre geschichtlichen Wurzeln in den fernöstlichen Traditionen, insbesondere im Buddhismus. Ursprünglich diente sie als Weg zur Aufhebung von Leid und als Faktor zur Befreiung des Geistes. Im Westen wurde der Begriff Achtsamkeit (englisch: „mindfulness") von Jon Kabat-Zinn, einem amerikanischen Gesundheitswissenschaftler, geprägt. Heute emeritiert, setzte er sich während seines Berufslebens erfolgreich dafür ein, die Achtsamkeitspraxis in Medizin und Gesellschaft bekannt zu machen und zu etablieren. Er entwickelte ein Programm, das heute weltweit unter dem Namen Mindfulness-based stress reduction (MBSR) bekannt ist und Teilnehmern dazu verhilft, die Krankheitsverursacher Stress und Angst zu reduzieren und ihre Gesundheit im Sinne der Salutogenese zu erhalten und zu fördern. Noch heute steht er im engen Kontakt zum Dalai Lama.

2.1 Achtsamkeit bereichert Ihr Leben

Mit unseren Notebooks, Tablet-PCs und Smartphones sind wir inzwischen in der Lage, praktisch jederzeit und überall mit allem und jedem in Kontakt zu treten. Dabei laufen wir jedoch zugleich Gefahr, wesentlich seltener mit uns selbst in Kontakt zu sein. Um uns im Alltag wieder zu erden und unser inneres Gleichgewicht zu finden, brauchen wir deshalb die Fähigkeit, immer wieder von der Außen- in die Innenperspektive wechseln zu können. Achtsamkeit kann uns dabei helfen, für den Augenblick innezuhalten, mehr Präsenz im Hier und Jetzt zu erlangen und nicht nur äußerlich, sondern auch innerlich am Ziel anzukommen.

Da wir jedoch im Laufe unseres Lebens gelernt haben, in vielen Situationen vorschnell zu kategorisieren, und deswegen nur selten die Chance nutzen, unsere Sinne als Tore zur Welt zu begreifen, stellt das Training der Achtsamkeit für viele von uns eine echte Herausforderung dar.

Eines kann ich Ihnen an dieser Stelle aber schon versprechen: Mit etwas Übung werden auch Sie lernen, die Dinge, die um Sie herum passieren, bewusster wahrzunehmen, und es wird Ihnen zuehmend leichter fallen, mit Menschen in Kontakt zu kommen, ohne stets zu bewerten. Dadurch gewinnen die Begegnungen mit anderen und Ihre Beziehungen zu Kollegen oder Freunden eine andere Qualität.

Indem Sie lernen, sich selbst besser wahrzunehmen und bewusst mit sich selbst in Kontakt zu treten, erfahren Sie mehr über Ihr eigenes Denken und Fühlen, über Ihre persönlichen Ziele und Bedürfnisse. Sie erkennen Ihre eigenen Stärken und Schwächen und lernen diese in Ihre Lebensgestaltung bewusst zu integrieren.

Für Ihre Fähigkeit, gelassen zu sein, bedeutet das: Durch die Änderung Ihres Blickwinkels gewinnen Sie Abstand zu belastenden Gegebenheiten und erhalten die Möglichkeit, alles in Relation zu sehen, ohne dass es Sie erdrückt oder ängstigt. Sie loten Ihre eigenen Grenzen aus und werden sich bewusst, welche Situationen im Alltag Ihnen besonders viel Kraft und Ausdauer abverlangen.

Andererseits werden Sie sicher auch bald die Momente und Erfahrungen in Ihrem Alltag erkennen, die ein Wohl- oder Glücksgefühl in Ihrem Innern erzeugen. Mit der Zeit werden Sie Ihre Wahrnehmung der Welt intensivieren und Ihre Umgebung in allen ihren Facetten immer bewusster erleben. Sie werden Achtsamkeit als Ressource zur Stärkung Ihrer Gesundheit zu nutzen wissen. Lassen Sie sich also entspannt auf das Experiment ein – Sie können davon nur profitieren!

Das Training der Achtsamkeit unterstützt Sie dabei, innezuhalten und öfter im Hier und Jetzt zu sein. Sie lernen, das eigene Denken und Fühlen zu beobachten, und werden auf diese Weise in die Lage versetzt, alles in Relation zu sehen und sich selbst neu auszurichten.

2.2 Achtsamkeit im Alltag

Es gibt unendlich viele Übungen, die Ihnen helfen können, sich und Ihren Mitmenschen mit mehr Achtsamkeit zu begegnen. Drei davon möchte ich Ihnen hier vorstellen, da ich sie für besonders wirkungsvoll und sehr wertvoll halte. Weitere Übungen, insbesondere im Zusammenhang mit achtsamer Kommunikation und achtsamem Genuss, finden Sie in meinem Buch *30 Minuten Business-Meditation*.

Atem als Anker

Setzen Sie sich entspannt und aufrecht hin. Stellen Sie Ihre Füße, wenn möglich ohne Schuhe, flächig auf, spreizen einmal bewusst die Zehen und nehmen den Boden unter Ihren Fußsohlen achtsam wahr, der Ihnen Halt und Stabilität bietet. Kommen Sie mit Ihrem Atem in Kontakt, indem Sie gezielt durch die Nase ein- und ausatmen und den Atem vom Einströmen in die Nase bis weit in Ihren Körper, bestenfalls bis in den Bauch hinein, begleiten. Erlauben Sie sich, mit jedem Atemzug tiefer in die Entspannung zu kommen, ohne die aufrechte Haltung zu verlieren.

Diese einfache Basisübung können Sie jederzeit bewusst einsetzen, im Sitzen, im Liegen, im Stehen oder im Gehen, um sich besser wahrzunehmen und zur Ruhe zu kommen. Denn unser Atem, der immer präsent ist, beeinflusst unsere Wahrnehmung maßgeblich. Er ist ein Messfühler für Stress, Angst und unser

Wohlbefinden. Nutzen Sie die Momente der Innen-
wahrnehmung als Anker, um sich an Ihren Wunsch,
mehr Gelassenheit in Ihr Leben zu bringen, zu erinnern.

„Reset"-Taste

Nehmen Sie sich einmal einige Minuten Zeit, um Ihren
inneren Monolog achtsam mit etwas Distanz zu beobachten. Da unser Geist unstet ist, tauchen vermutlich
immer wieder neue Gedanken oder Bilder vor Ihrem
inneren Auge auf oder aber Sie bleiben bei einem der
Gedanken hängen und grübeln und grübeln. Achten Sie
dann bewusst auf Ihre Empfindungen, die im Zusammenhang mit den Gedanken zum Vorschein kommen.
Handelt es sich dabei um positive Gefühle oder Assozi-
ationen, dann verändern Sie am besten nichts, sondern
werden nur zum stillen Beobachter und erfreuen sich
an dem, was geschieht.

Tauchen jedoch negative Gedanken auf, die Sie emotional aufwühlen, drücken Sie bewusst die „Reset"-Taste,
um den Vorgang zu durchbrechen und die eigene Aufmerksamkeit neu auszurichten. Atmen Sie dazu bewusst dreimal tief durch die Nase ein und aus und
richten den Fokus für die Dauer der Atemübung gezielt
auf die Stirnmitte, das sogenannte „dritte Auge", den
Punkt der Intuition. Lassen Sie danach wieder Ihren
Geist entspannt auf eine Erkundungstour durch Ihr
Gedanken-Portfolio ziehen und beobachten Sie weiter,
was passiert. Sollte der gleiche belastende Gedanke

dann wieder zurückkehren, wiederholen Sie die Übung und greifen anschließend zielgerichtet zu einem Gedanken, der ohne Zweifel positive Gefühle in Ihnen generiert, zum Beispiel ein Bild oder ein Geschehen aus Ihrer Vergangenheit, das Sie glücklich stimmt oder zum Schmunzeln bringt.

Nutzen Sie diese Übung regelmäßig zwischendurch, auch im Beisammensein mit Ihrer Familie, unter Kollegen oder bei Begegnungen mit Ihren Nachbarn. Dadurch lernen Sie sich und Ihre Gedanken besser kennen und können jederzeit der Grübelfalle entfliehen. Sie entdecken auf diese Weise festgefahrene Muster in Ihrem Denken, die Sie im zweiten Schritt gezielt in positive und sinnvolle Denk- und später auch Handlungsmuster umwandeln können.

Jnana Mudra

Wenn Sie folgende Meditationstechnik einüben, wird es Ihnen bald möglich sein, sich jederzeit in einen Zustand der Gelassenheit zu versetzen.

(1) Nehmen Sie eine aufrechte Haltung ein und erinnern Sie sich an eine Situation, in der Sie vollkommen gelassen waren.

(2) Stellen Sie sich diesen Augenblick möglichst bildlich vor und versuchen Sie ihn mit allen Sinnen in Ihre Erinnerung zu holen: Wann und wo waren Sie da, was für Kleidung hatten Sie an, wie hat sich das Gelassensein für Sie angefühlt und womit war es verbunden?

(3) Sollten Sie sich an keine solche Situation erinnern können, stellen Sie sich stattdessen vor, wie diese aussehen und in welcher Umgebung sie stattfinden könnte. Dabei ist es ganz gleich, ob andere Menschen an diesem Szenario beteiligt sind oder ob Sie zum Beispiel allein am Strand spazieren gehen, hinaus aufs Meer blicken und dabei Ihre Seele völlig entspannt und gelassen baumeln lassen.

(4) Kreieren Sie in Ihrem Innern das Gefühl der Gelassenheit so intensiv wie möglich und führen dann den Zeigefinger Ihrer dominanten Hand zum Daumen. Beide Fingerspitzen berühren sich. Das ist eine Handgeste, die Jnana Mudra genannt wird und Ihnen helfen soll, den Zustand der Gelassenheit innerlich abzuspeichern und ihn bei Bedarf aus der Versenkung wieder in Ihr Bewusstsein zu holen. Gerne können Sie auch eine andere Ihnen vertraute Geste nutzen oder ein Fingerschnippen, das Sie mit diesem Zustand in Verbindung bringen.

(5) Immer dann, wenn Sie sich etwas mehr Gelassenheit wünschen, nutzen Sie die Handgeste, um sich bewusst an den abgespeicherten Zustand zu erinnern.

Haben Sie ein wenig Geduld und erwarten Sie nicht, dass alles auf Anhieb klappt. Mit ein bisschen Übung werden Sie Ihr Ziel, mehr Gelassenheit in Ihrem Innern zu generieren, sicher erreichen. Früher oder später wird sich dieser Zustand auch in Ihrer Ausstrahlung und Ihrem Charisma bemerkbar machen. Sie werden eine angenehme Wirkung auf Kunden, Kollegen und im Allgemeinen auf Ihre Gesprächspartner haben.

Umgang mit negativen Gedanken und Emotionen

Negative Gedanken und Gefühle gehören zu uns und zu unserem Leben ebenso wie positive. Für unsere Gesundheit ist es wichtig, regelmäßig zu überprüfen, welche Qualität überwiegt, und darauf zu achten, wie viel Zeit wir im Schaltkreis von Wut und Ärger oder Verzweiflung verbringen. Dazu bieten sich zwei Möglichkeiten an:

A. Durch achtsames Beobachten entziehen wir den vormals unbewussten Gedanken ihre Energie, um sie wertneutral betrachten zu können. So taucht das negative Gefühl nur schwach oder gar nicht erst auf.

B. Wir nehmen die negative Emotion entgegen, spüren achtsam in uns hinein und warten geduldig und ohne nachzulegen ab, bis sie verglüht ist. Dazu sollten wir wissen, dass eine Emotion neurophysiologisch eine Überlebensdauer von ungefähr 30 Sekunden hat. Alles, was darüber hinausgeht, entsteht durch Nachladen, das heißt dadurch, dass wir uns in diese Emotion vertiefen.

In beiden Fällen geht es nicht um Unterdrückung von Emotionen, sondern um einen bewussten und verantwortungsvollen Umgang mit negativen und belastenden Gefühlen, die wir alle von Zeit zu Zeit empfinden. In diesem Zusammenhang geht es auch um die Steigerung der Selbstwirksamkeit, also der Fähigkeit, sich selbst insbesondere in schwierigen Situationen zu helfen und gezielt Einfluss auf äußere Umstände nehmen zu können.

Wie auch immer Ihr emotionaler Stil aussehen mag, ihn achtsam zu erkunden, um sich seiner bewusst zu sein, ist der erste Schritt, um die eigene Innenwelt besser begreifen und einordnen zu können und um zu verstehen, warum wir fühlen, wie wir fühlen, denken, wie wir denken, und daraufhin reagieren, wie wir reagieren.

Im zweiten Schritt können Sie dann überlegen, ob Sie etwas daran ändern wollen. Denn die Plastizität unseres Gehirns erlaubt es uns, sowohl bestehende Denkmuster zu stärken als auch alte Muster in neue Bahnen zu lenken. Auf diese Art entstehen neue neuronale Verknüpfungen. Es liegt also in Ihrer Macht, sich in Ihre Gedanken „einzuloggen", sie achtsam zu beobachten und gezielt zu lenken, möglichst ohne sie dabei zu bewerten.

Wie die Vorgänge im Gehirn unsere Emotionen und unsere Wahrnehmung beeinflussen, damit beschäftigen sich die Wissenschaftler heute sehr intensiv. Gerade in Bezug auf die Lebensqualität und unser Wohlbefinden sind die Erkenntnisse der Neurowissenschaftler von großer Bedeutung. Sie zeigen uns nämlich, dass wir die Macht haben, unsere Emotionen zu formen, und dass wir so auch den Umgang mit negativen Gedanken maßgeblich beeinflussen können, sofern wir das wollen. Wir können demnach glücklicher und gelassener werden, indem wir die Verantwortung für unseren Geist übernehmen.

Ein Nein für mehr Autonomie

Wir leben in Zeiten, in denen die Grenzen zwischen Freizeit und Beruf zunehmend verwischen. Immer mehr Menschen sehnen sich nach Autonomie. Gerade deshalb ist es ratsam, sich bewusst abzugrenzen. Dazu gehört von Zeit zu Zeit auch das Wörtchen „Nein", laut und deutlich.

Wer nicht Nein sagen kann, kommt im Leben zu kurz, übergeht sich und seine Bedürfnisse und gefährdet dauerhaft seine Gesundheit. Dabei gilt es auch zu beachten, dass ständige Zustimmung nicht automatisch beliebt macht, denn mit jedem „Ja, kann ich machen" heben Sie Leistungsstandards und lassen dadurch andere schlecht aussehen. Dagegen begegnet man Ihnen mit Respekt, wenn Sie sich ein Profil geben und klar fragen: „Was will ich eigentlich?" Es ist kein Zeichen von Schwäche, die eigenen Wünsche wahr- und ernst zu nehmen. Insbesondere Frauen neigen dazu, andere wichtiger zu nehmen als sich selbst und somit fremde Bedürfnisse in den Vordergrund zu stellen. Dabei lebt es sich viel gelassener mit dem Wissen, selbstbestimmt handeln zu können und sich nicht immer wieder unnötig in die Gefallen-Falle zu verstricken.

Packen Sie es also an! Folgen Sie den drei Schritten zu einem klaren Nein:

(1) Notieren Sie sich einige typische Situationen aus Ihrem Alltag, in denen es Ihnen schwerfällt, Nein zu sagen. Ergänzen Sie diese Aufzählung mit der dazugehörigen Emotion – wie fühlen Sie sich in diesen Situationen?

(2) Die Wirkung des Nein hängt nicht von der Lautstärke, sondern von der Stimme und der Atmung ab. Um ein Nein im Raum deutlich zu positionieren, brauchen Sie deshalb eine feste Stimme und eine tiefe Bauchatmung. Stellen Sie sich dazu mit beiden Beinen fest auf den Boden und drücken Sie auch in Ihrer Körperhaltung Entschlossenheit aus. Es folgt ein Nein. Punkt. Pause. Anschließend können Sie eventuell ein „Das tut mir leid" oder „Vielen Dank für das Angebot/das Vertrauen/die Einladung" ergänzen, wenn es in der Situation passend ist. Dieser Folgesatz mag Sie vielleicht überraschen, aber er demonstriert Respekt und Interesse an der Beziehung. Sollte Ihnen jedoch einmal ein Nein in einer bestimmten Situation tatsächlich unmöglich erscheinen, räumen Sie sich unbedingt Bedenkzeit ein oder sagen Sie nur unter bestimmten Voraussetzungen zu.

(3) Im dritten und letzten Schritt bringen Sie nun die ersten beiden Schritte zusammen. Nehmen Sie zu diesem Zweck vorausschauend eine bestimmte Situation in Angriff, überlegen Sie sich im Vorfeld

geeignete Argumente, wohl wissend, was Sie tun und was Sie nicht tun wollen, und sagen Sie dann klar und deutlich, was Sache ist. Trauen Sie sich das nicht nur bei Ihren Kollegen oder Ihrem Vorgesetzten zu, denn auch Ihre Familie und Ihre Freunde müssen ein Nein akzeptieren können.

Jedes ausgesprochene und nicht zurückgezogene Nein ist ein Erfolgserlebnis und hinterlässt Spuren. Es wird nicht lange dauern, bis Sie in der Lage sein werden, gelassen und mit dem Brustton der Überzeugung ein klares Nein zu erwidern. Ich wünsche Ihnen dabei viel Erfolg!

Achtsamkeit steigert Ihre Selbst- und Fremd-wahrnehmung. Dadurch lernen Sie sich und Ihre Mitmenschen besser kennen und können im All-tag adäquat und gelassen reagieren.

- *Konzentrieren Sie sich auf Ihren Atem; nutzen Sie ihn als Anker, um im Hier und Jetzt zu blei-ben.*
- *Schaffen Sie Distanz zu belastenden Gedan-ken, indem Sie sozusagen die „Reset"-Taste drücken. Auf diese Weise bleiben Sie hand-lungsfähig.*
- *Nutzen Sie mentale Techniken wie Handgesten, um den Zustand der Gelassenheit abzu-speichern und bei Bedarf zurück in Ihr Bewusst-sein zu holen.*
- *Gehen Sie bewusst und verantwortungsvoll mit Ihren Gedanken und Emotionen um.*
- *Üben Sie, Nein zu sagen, um sich gegen Angrif-fe auf Ihre Autonomie zu wappnen.*

30 MINUTEN

3. Spiritualität

Es gibt eine Kraft, die über das Gewöhnliche hinaus-geht, ganz gleich, ob wir sie Urvertrauen, Gott oder ganz anders nennen. Die Suche danach ist in jedem von uns angelegt – mit esoterischem oder okkultem Wirr-warr hat das nichts zu tun. Spätestens wenn wir mer-ken, dass das Leben endlich ist, machen wir uns auf den Weg, den Sinn des Lebens zu entdecken und zu begrei-fen. Meistens geschieht das um die Lebensmitte. Spiri-tuelle Fragen tauchen aber auch unabhängig vom Alter auf. Sie verbergen sich hinter Krankheit, Trauer, aber auch überdurchschnittlichem beruflichem Erfolg oder der Bewältigung von Lebenskrisen. Sie knüpfen an all-tägliche Fragen und Probleme an. Wenn wir sie unbe-antwortet stehen lassen, werden sie sich sicher nicht verflüchtigen, sondern vermutlich zur Belastung wer-den. Gerade ein leidvolles Erlebnis schickt uns auf die Suche nach heilsamen Zuständen. Haben Sie also Mut und nehmen sich dazu ausreichend Zeit, wenn Ihre See-le danach verlangt.

3.1 Sinnerleben fördert Gelassenheit

Sinn ist das orientierende und formgebende Prinzip für Menschen, Gemeinschaften und Organisationen. Erst durch das Sinnerleben wird Gewissheit und Vertrauen möglich. Wo Menschen auf der Basis von Werten sinnerfüllt agieren, sei es im beruflichen oder privaten Kontext, verlieren Belastung und Stress an Schärfe; Gelassenheit und ein Gefühl der Kohärenz stellen sich ein. Das Eingebundensein, das dem tief empfundenen menschlichen Bedürfnis nach sozialer und emotionaler Zugehörigkeit entspricht, spielt hier eine wesentliche Rolle. Gerade in der heutigen so schnelllebigen Zeit, wo Leistungsverdichtung und ständige Flexibilität den Arbeitsalltag bestimmen, wo Arbeitnehmer durch Zielvorgaben und Effizienz jegliche Handlungsspielräume verlieren, bietet das Gefühl der Dazugehörigkeit Halt und gibt Kraft, den Alltag bestmöglich zu bewältigen. Wer sich zugleich in Gelassenheit übt, schont seine Energiereserven, um sich nach Feierabend für die getane Arbeit selbst zu belohnen und sich Tätigkeiten widmen zu können, die ihn beflügeln.

Wichtig ist dabei, authentisch und ehrlich zu sich selbst zu sein. Auch die Herzensqualitäten wie Wertschätzung, Mitgefühl und Güte finden hier ihren Platz. Ehrlich gelebte Wertschätzung im Unternehmen, die im Führungsstil, in der Kommunikation miteinander, im Verhalten und in Strukturen sichtbar wird, schafft eine Grundlage für nachhaltigen Erfolg und gesunde, zufriedene und gelassene Mitarbeiter. In der Familie bietet Wertschätzung, als Aspekt der Liebe, einen geschützten Rahmen zur Selbstreflexion und Entfaltung des eigenen Bewusstseins.

Die Ruhe im Sturm

Bevor wir mit dem eigentlichen Coaching beginnen, möchte ich Ihnen eine weitere Basisübung vorstellen, die Sie in stürmischen Zeiten immer wieder zwischendurch wiederholen können, um sich innerlich mehr zu zentrieren und in Gelassenheit zu üben:

(1) Kommen Sie in eine aufrechte Sitz- oder Standhaltung und schließen Sie für einen Moment Ihre Augen.

(2) Atmen Sie gleichmäßig und ruhig, möglichst tief in den Bauch hinein. Legen Sie die Betonung auf eine lange Ausatmung. Die Einatmung stellt sich dann von selbst ein.

(3) Visualisieren Sie eine Art Sturm, der um Sie herum tobt. Es gibt eine Menge zu tun und vielleicht auch einige belastende Angelegenheiten, die Ihnen aktuell schwer im Magen liegen.

(4) Alle diese Dinge finden jetzt ihren Platz im Sturm. Sie dagegen sitzen im Auge des Orkans, einer ruhigen und windfreien Zone im Zentrum des Hurrikans. Auf diese Weise schaffen Sie den notwendigen Abstand, um durchzuatmen, sich zu erden und neu auszurichten.

30 *Um unseren (Arbeits-)Alltag gelassen meistern zu können, ist es wichtig, dass wir einen Sinn sehen in dem, was wir tun. Entscheidend ist dabei ein Gefühl des Eingebundenseins, der Zugehörigkeit, das in einem Umfeld entstehen kann, das von Authentizität und ehrlicher Wertschätzung geprägt ist.*

3.2 Auf der Suche nach Kraftquellen

Das Leben ist ein Fluss. Veränderung findet also ständig statt. Grundlegender Wandel ist jedoch selten. Die herausfordernde Frage, die Sie sich stellen sollten, ist: Was in Ihrem Leben zählt wirklich, was treibt Sie täglich an und macht Sie glücklich? Gehen Sie die Aufgaben mit echtem Engagement an. Sollten Sie nicht das Gefühl haben, aktuell etwas verändern zu wollen, weil Ihnen die Frage nach dem Sinn des Lebens noch gar nicht begegnet ist, dann nutzen Sie die Übungen, um Ihre Wertvorstellungen zu überprüfen.

Spirituelles Coaching, Teil I

Was treibt Sie an und gibt Ihrem Leben einen tieferen Sinn? Das kann Ihre Arbeit, Ihre Familie oder ein geliebtes Hobby sein. Was immer es auch ist, nennen Sie es beim Namen und konkretisieren Sie es so gut, wie es Ihnen möglich ist.

Nennen Sie hier mindestens drei Aspekte, die Ihrem Leben einen Sinn geben.

✓ _____
✓ _____
✓ _____

Haben Sie Wünsche und Visionen, die Sie in absehbarer Zukunft verwirklichen möchten? Beginnen Sie mit einem Brainstorming und gehen Sie dann zum Ranking über.

✓ _____
✓ _____
✓ _____

Welche realistischen Etappenziele haben Sie sich für die Top Drei Ihrer Wünsche und Visionen gesteckt?

✓ _____
✓ _____
✓ _____

Worauf möchten Sie am Ende Ihrer Berufskarriere oder Ihres Lebens zufrieden zurückblicken können?

✓ _____
✓ _____
✓ _____

Erwarten Sie nicht, dass die Erleuchtung über Nacht kommt. Es ist vielmehr ein Prozess, der durchaus seine Zeit braucht und vermutlich nie komplett abgeschlossen sein wird. Setzen Sie nicht alles auf eine Karte, sonst kann es passieren, dass Sie nicht mehr weiterwissen, wenn Sie diese Karte einmal verlieren. Und setzen Sie sich nicht unter Druck. Nicht selten kommen entscheidende Erkenntnisse in einem Augenblick, in dem Sie am wenigsten damit rechnen.

Spirituelles Coaching, Teil II

Beim Coaching geht es in erster Linie um die Arbeit an sich selbst, und das ist letztlich nichts anderes als spirituelle Arbeit. Sich selber kennenzulernen, dabei seine Wahrheit zu akzeptieren und die Haltung des Vertrauens, der Hoffnung und Geduld, schließlich auch die der Gelassenheit einzuüben – das alles macht Sie zum Entdecker Ihrer eigenen Kraftquellen, mit denen Sie durch den Coach, in unserem Fall durch die in diesem Buch gestellten Fragen, in Berührung kommen.

Was von dem, das Ihnen helfen könnte, Ihre Ziele zu erreichen, fehlt Ihnen derzeit am meisten?
✓ _____
✓ _____
✓ _____

Wie könnten Sie es ändern?
✓ _____
✓ _____
✓ _____

Wer kann Ihnen dabei helfen?
✓ _____
✓ _____
✓ _____

Was ist eventuell der Preis, den Sie dafür zahlen müssten?

✓_____

✓_____

✓_____

Wie sähe die Zielkontrolle aus?

✓_____

✓_____

✓_____

Was wäre der allererste Schritt in die gewünschte Richtung?

✓_____

Machen Sie sich am besten noch heute auf den Weg, ebendiesen ersten Schritt zu tun!

Spirituelles Coaching, Teil III

Spirituelles Coaching ähnelt dem Frühjahrsputz, nur dass es an keine Jahreszeit gebunden ist, sondern an den Wunsch der Veränderung. Sie lösen sich vom Gerümpel und unnötigen Ballast und erhalten dafür eine neue Sichtweise auf die wirklich wichtigen Dinge des Lebens. Das kann durchaus im wörtlichen Sinne erfolgen, indem Sie zunächst vielleicht tatsächlich anfangen, Ihren Keller oder Dachboden umzukrempeln, und sich erst im zweiten Schritt Ihrem Selbst zuwenden. Da unsere Gedanken maßgeblich unsere Wahrnehmung prägen, haben Sie im Vorfeld schon ganze Arbeit geleistet, wenn Sie regelmäßig beim Trainieren der Achtsamkeit

Ihren inneren Monolog beobachtet haben. Es wird Ihnen also leichter fallen, sich auf die Fragen einzulassen und sie achtsam zu beantworten.

Welche Beziehungen oder Tätigkeiten bieten Ihnen Raum zur inneren Entfaltung?
✓_____
✓_____
✓_____

Können Sie sich vorstellen, diese auszubauen und zu vertiefen?
✓_____
✓_____
✓_____

Was müssten Sie dafür tun?
✓_____
✓_____
✓_____

Wie stillen Sie Ihre Sehnsucht nach Liebe, Anerkennung und Wertschätzung?
✓_____
✓_____
✓_____

Ist es ein sinnvoller Weg, der keinem anderen schadet und Sie gleichzeitig persönlich wachsen lässt?
✓_____

> Beruht dabei das Prinzip auf gegenseitigem Geben und Nehmen?
>
> ✓ _____

Und schließlich die Wunderfrage: Während Sie heute Nacht schlafen, passiert ein Wunder. Wenn Sie morgen früh aufwachen, stellen Sie fest, dass sich alles auf eine für Sie vielleicht ungewohnte Weise richtig anfühlt und Sie plötzlich ganz klar vor Ihrem inneren Auge den Sinn Ihres Daseins sehen, der Ihnen bis gestern noch verborgen war. Woran merken Sie, dass dieses Wunder geschehen ist? Was hat sich scheinbar verändert und wie fühlt sich diese neue Situation für Sie im Augenblick an?

Metta-Meditation

Die klassische Metta-Meditation ist eine Übung zur Erweiterung unseres Bewusstseins und zur Entfaltung von Herzensqualitäten. Diese sind, wie bereits erwähnt, ein essenzieller Teil der spirituellen Inhalte. Gerade in der heutigen Zeit, wo es auf den ersten Blick so scheint, als sei jeder sich selbst der Nächste, und wir uns nur selten die Sorgen und Nöte anderer Menschen zu Herzen nehmen und ihnen Hilfestellung leisten, ist diese Übungspraxis eine sehr wertvolle Methode, Mitgefühl und Empathie zu kultivieren. Papst Franziskus spricht inzwischen von der „Globalisierung der Gleichgültigkeit". Er beklagt, dass wir uns an das Leiden des anderen gewöhnt haben, denn es betrifft uns nicht. Wir empfinden kein Mitgefühl und haben sogar die Fähigkeit zu weinen verloren, mahnt er weiter an.

Um unerfahrenen Meditierenden die Scheu vor dieser Übung zu nehmen, möchte ich Sie wissen lassen, dass ebendiese Form der Meditation die von Neurowissenschaftlern am meisten untersuchte ist. Dabei wird mithilfe von bildgebenden Verfahren wie der Computertomografie beobachtet, welche Hirnareale während der Übung aktiv sind und wie sich das Erleben dauerhaft auf die Hirnsubstanz und die individuelle Wahrnehmung auswirkt. Eine äußerst spannende Möglichkeit, die Neuroplastizität unseres Gehirns tatsächlich zu erforschen. Dabei haben die Studien bestätigt, dass neben dem Zuwachs an grauer Substanz im Gehirn eine regelmäßige Kultivierung bejahender Gefühle auch das körperliche Wohlbefinden nährt und zu einer verbesserten Bindung zu sich selbst führt. Gleichzeitig werden Beziehungen zu anderen Menschen positiver und näher erlebt.

Um die Metta-Meditation zu erlernen, führen Sie die folgenden Anweisungen durch:

(1) Nehmen Sie für die Dauer der Übung eine aufrechte und für Sie angenehme Körperhaltung ein.

(2) Atmen Sie bewusst durch die Nase ein und aus, ruhig und gleichmäßig.

(3) Legen Sie den Fokus auf Ihr Herz und verweilen Sie dort einige Augenblicke lang in Stille. Sie können dabei Ihre beiden Hände übereinander auf die Brust legen oder sich Ihr Herz als dreidimensiona-

les Organ mit allem, was Ihnen dabei in den Sinn kommt, vorstellen.

(4) Dann überlegen Sie, was Sie sich aktuell am meisten wünschen würden, und formulieren dazu einen klaren, möglichst kurzen und prägnanten Satz. Dieser kann wie folgt lauten: „Möge ich gesund und glücklich sein und viel Gutes im Leben erfahren." Wiederholen Sie diesen Wunsch innerlich einige Male.

(5) Im zweiten Schritt senden Sie wohlwollende Wünsche an eine Person, die Ihnen nahesteht. Versuchen Sie, sich diese Person so intensiv wie möglich vorzustellen, damit ihre Präsenz beinahe einen Wirklichkeitscharakter erhält. Fühlen Sie dabei in Ihr Herz hinein und Sie werden intuitiv die richtigen Worte finden.

(6) Im dritten Schritt übermitteln Sie Ihre guten Wünsche einer Person, zu der Sie eine eher neutrale Beziehung pflegen. Gehen Sie dabei in gleicher Weise vor.

(7) Im letzten Schritt denken Sie an jemanden, zu dem Sie derzeit keinen versöhnlichen Kontakt haben. Auch dieser Person senden Sie innerlich gute Wünsche.

(8) Abschließend können Sie allen Menschen und Lebewesen Gesundheit, Glück und ein liebevolles Miteinander wünschen.

(9) Nehmen Sie einige tiefe Atemzüge und kommen dann mit Ihrer Wahrnehmung zurück in den Raum, in dem Sie sich befinden. Strecken und recken Sie

sich genussvoll und nehmen das Gefühl des Wohlwollens mit in den Tag.

Weltanschaulich neutrale Meditation

Meditation ist eine kulturübergreifende Mentaltechnik, die sich die Vernetzung von Körper, Geist und Seele zunutze macht. Obwohl sich die Praxis der meditativen Versenkung in vielen Religionen wiederfindet, kann Meditation völlig frei von religiösen Werten praktiziert werden. Es ist kein Zufall, dass sich die Wissenschaft heute mehr denn je mit dieser Übungsform beschäftigt. In Zeiten, die so hektisch und schnelllebig daherkommen, dass wir ständig das Gefühl haben, auf der Überholspur zu sein, hilft uns bereits eine kurze Meditation, um uns zu erden und für einen Moment in Stille und innerer Ruhe zu verweilen. Meditation ist eine wertvolle Methode, das eigene Bewusstsein zu ergründen und zu erweitern. (Dazu empfehle ich Ihnen auch mein Hörbuch *Bewegte Meditation*.)

30 *Die spirituelle Dimension des Coachings kann dazu beitragen, eigene Kraftquellen zu entdecken und auszubauen. Gezielte Fragen stellen Denkanstöße dar und helfen vielleicht sogar, die ein oder andere neue Tür zu öffnen. Seien Sie also offen und entdecken Sie die Vielfalt der Möglichkeiten, Ihr Bewusstsein zu erweitern.*

3.3 Der Weg der Mitte

Während die meisten Religionen und Glaubensansätze uns weg vom Leben im Hier und Jetzt führen, indem sie das jetzige Leben herabsetzen und uns stattdessen „Großes" im Jenseits versprechen – natürlich nur bei guter Führung zu Lebzeiten –, überrascht der Dalai Lama, der bekannteste Sprecher des Buddhismus, auf seiner Facebook-Seite mit einer ganz anderen Aussage: Er käme zunehmend zu der Überzeugung, die Zeit sei reif, über eine Spiritualität und Ethik jenseits aller Religionen nachzudenken. Wer seine Worte für richtungsweisend hält, beginnt sich von dogmatischen religiösen Vorgaben zu lösen, übernimmt zunehmend die Verantwortung für sein spirituelles Wohlbefinden und wird sozusagen selbst zu einem „Tempel". Es liegt demnach in unserer Hand, unser inneres Wachstum zu fördern und dafür Sorge zu tragen, dass wir uns in der Welt geborgen fühlen und in Übereinstimmung mit unserem Herzen leben.

Leider schenken wir häufig den äußeren materiellen Aspekten mehr Beachtung als den inneren Werten und den Herzensqualitäten. Das kann dazu führen, dass wir uns von unserem Wesenskern entfernen und das Wesentliche aus den Augen verlieren. In diesem Zusammenhang hilft es, zu verstehen, dass materieller Wohlstand zwar positive Rahmenbedingungen schaffen kann, inneren Frieden kann er uns allerdings nicht geben. Nur wenn wir auf dem mittleren Weg bleiben und gleichzeitig die Balance zwischen unseren materiellen und spirituellen Bedürfnissen wahren, kann unsere Sinnsuche wirklich gelingen.

Leider ist die Fähigkeit, das rechte Maß zu finden, in der Umsetzung oft schwer, da es sich bei dem Weg der Mitte nicht um einen statischen, sondern einen dynamischen Zustand handelt, der sich fortwährend ändert und immer wieder aufs Neue ausgelotet werden muss. Im Buddhismus gilt der Mittlere Weg als Grundsatz. Er rät uns dazu, Extreme zu meiden, und beinhaltet die Erkenntnis, dass die Frage nach dem Lebensinhalt weder in der Weltabgewandtheit noch in einer den materiellen Dingen verhafteten Lebensweise zu finden sei. Auf unsere Gesellschaft übertragen, lässt sich dieser Grundsatz durchaus auf alle Lebensbereiche ausdehnen. Menschen, die ständig Grenzerfahrungen machen, weil sie sich in ihrem Tun regelmäßig verkalkulieren und oft am Rande des Abgrunds balancieren, leben selten zufrieden und gelassen.

Die Lebensbereiche heranzoomen

Nehmen Sie einmal Ihre Lebensbereiche unter die Lupe und überprüfen dabei Ihren ganz persönlichen Standpunkt: Wo stehen Sie aktuell und wo wäre die goldene Mitte? Welche Abweichungen gestehen Sie sich zu, weil sie Ihnen hoffentlich guttun? Welche verursachen bei Ihnen die meisten Bauchschmerzen und wie können Sie das ändern? Denken Sie immer Schritt für Schritt, denn nur so kommen Sie sicher an Ihr Ziel. Bei großen

Schritten oder gar Sprüngen drohen Sie zu stolpern oder von einem Gegensatz zum anderen zu eilen. Nutzen Sie die folgenden Fragen als Hilfestellung.

1. Körper und Gesundheit
- Was ist Ihnen Ihre Gesundheit wert?
- Wie viel Zeit verbringen Sie täglich in Bewegung?
- Essen Sie in der Regel gesund?

2. Familie, Freunde und soziale Kontakte
- Widmen Sie Ihrer Familie ausreichend Zeit?
- Pflegen Sie Kontakte zu Freunden und Bekannten?
- Sind Sie interessiert an Aktivitäten in Gesellschaft?

3. Beruf und Finanzen
- Welchen Wert messen Sie den Finanzen bei?
- Ist Ihr Beruf gleichzeitig Ihre Berufung?
- Ist Ihr Einkommen im Verhältnis zu Ihrer Arbeit angemessen?

4. Geist und Seele
- Hören Sie öfter auf Ihr Bauchgefühl?
- Wie wichtig ist Ihnen Ihr seelischer Zustand?
- Denken Sie über spirituelle Aspekte nach?

5. Freizeit, Hobbys und Kultur
- Wie wichtig ist Ihnen Ihre Freizeit?
- Gibt es ein Hobby, das Sie ausüben?
- Interessieren Sie sich für Kultur?

6. Ethik und Moral

- Ist Ethik grundsätzlich ein Thema, das Sie beschäftigt?
- Gehen Sie mit Ihren Mitmenschen wertschätzend um?
- Sind Sie der Meinung, dass der Einzelne auch eine soziale Verantwortung hat?

Vermeidbares und unvermeidbares Leid

Der Buddhismus unterscheidet zwischen vermeidbarem und unvermeidbarem Leid. Es gibt demnach Dinge in unserem Leben, die wir aus eigener Kraft beeinflussen und ändern können. Wenn wir zum Beispiel mit unserer Arbeitsstelle nicht zufrieden sind, können wir uns in den meisten Fällen eine neue Anstellung suchen oder uns beruflich neu orientieren. Allerdings gibt es auch Faktoren und Ereignisse, die nicht unserem Einfluss unterliegen, wie zum Beispiel der Tod eines uns nahestehenden Angehörigen. Sie dennoch ändern zu wollen, kostet sehr viel Kraft und ist leider aussichtslos.

Daher ist es so wertvoll, das eine vom anderen unterscheiden zu können, was leider nicht immer leicht ist. Wir sollten lernen, unsere Energie dort gezielt einzusetzen, wo Veränderungen sinnvoll und möglich sind, und das, was sich nicht ändern und willentlich beeinflussen lässt, gelassen annehmen.

Kompass der Genügsamkeit

Überlegen Sie ernsthaft, wie viele der Dinge, die Sie aktuell besitzen, wirklich wichtig für Sie sind und worauf Sie relativ leicht verzichten könnten, ohne dass sich bereits nach kurzer Zeit ein Gefühl großen Verlustes einstellen würde. Mit wie viel weniger könnten Sie auskommen? Machen Sie sich als regelmäßige kleine Übung Notizen dazu.

> Folgende Dinge liegen mir besonders am Herzen. Ich würde sie um keinen Preis der Welt hergeben:
> ✓ _____
> ✓ _____
> ✓ _____
>
> Auf diese Dinge könnte ich getrost verzichten:
> ✓ _____
> ✓ _____
> ✓ _____

Gehen Sie noch etwas in die Tiefe und überlegen Sie, ob es nicht Dinge gibt, die im Laufe der Zeit sogar zu einer Belastung für Sie geworden sind und von denen Sie sich liebend gerne trennen würden – besser heute noch als morgen.

> Was würden Sie als Erstes aus dem Fenster werfen, wenn es Ihnen erlaubt wäre?
> ✓ _____
> ✓ _____
> ✓ _____

Mit dieser Methode können Sie öfter vor einer größeren Anschaffung in Klausur gehen und innerlich überprüfen, ob der anstehende Einkauf tatsächlich nötig oder nur eine Laune Ihrer Habgier ist. Wenn Sie sich, aus welchem Grund auch immer, zum Kauf entschließen, dann genießen Sie Ihre neue Errungenschaft auch. Ab und zu dürfen wir uns alle etwas gönnen – auch Dinge, die nicht wirklich notwendig sind.

Vielleicht werden Sie nach dieser Übung Ihre Schätze in einem anderen Licht sehen und ihnen eine andere Wertigkeit zusprechen. Wenn es ansteht, entrümpeln Sie! Verschenken Sie, was in Ihren Augen ausgedient hat, anderen aber eine Freude bereiten könnte. So schaffen Sie sich Freiraum und Platz für Neues, das nicht unbedingt materieller Natur sein muss. Es können ganz einfach neue Gedanken, Ideen und Einsichten sein, die Ihnen zu etwas mehr Gelassenheit verhelfen. Seien Sie gespannt auf das, was Sie erwartet.

Nutzen Sie den Weg der Mitte als Navigations-hilfe, um sich von den Extremen fernzuhalten, und Sie werden ein Fels in der Brandung sein statt ein Hamster im Rad. Folgende Übungen weisen Ihnen dabei die Richtung:

30

- *Die Ruhe im Sturm: Visualisieren Sie, was alles im Alltag auf Sie einstürmt, und verweilen Sie ruhig im Auge dieses Sturms.*
- *Spirituelles Coaching: Reflektieren Sie, welche Wünsche und Visionen Sie haben und wie der Weg dorthin aussehen könnte.*
- *Metta-Meditation: Kultivieren Sie Mitgefühl und Empathie.*
- *Zoomen Sie folgende Lebensbereiche heran: Körper und Gesundheit; Familie, Freunde und soziale Kontakte; Beruf und Finanzen; Geist und Seele; Freizeit, Hobbys und Kultur; Ethik und Moral.*
- *Kompass der Genügsamkeit: Überlegen Sie, was Sie wirklich brauchen, worauf Sie verzich-ten können und was Sie sogar als Ballast emp-finden.*

30 MINUTEN

4. Glück

Die gute Nachricht vorweg: Wissenschaftler fanden heraus, dass unser Glücksempfinden zu 50 Prozent von unserer genetischen Veranlagung abhängt, zu nur etwa 10 Prozent von den äußeren Umständen – und ganze 40 Prozent gehen ganz klar auf unser eigenes Konto, da wir täglich selbst Einfluss darauf nehmen können, was wir als Glück empfinden und in welcher Weise wir das tun. Damit ist Glück für jeden von uns erreichbar. Gehen Sie es also an! Die Übungen in diesem Kapitel werden Ihnen sicher dabei helfen.

4.1 Glück hat viele Facetten

Glück ist wahrscheinlich das schönste Gefühl der Welt. Was Glück für den Einzelnen bedeutet, muss jeder für sich selbst entscheiden. Eine Faustformel dafür gibt es nicht. Sicher ist, dass Glück sich nicht erzwingen lässt. Wenn wir verbissen darauf warten, wird es uns vielleicht nie erreichen. Wenn wir uns dagegen gelassen zurücklehnen und das Glück als positive Begleiterscheinung von Handlungen, Situationen oder Begegnungen betrachten statt als abstraktes Ziel in ferner Zukunft, werden die Momente des Glücks in unserem Leben deutlich zunehmen. Betrachten Sie das große Glück als ein Puzzle aus vielen kleinen Freuden. Wenn Sie achtsam sind, werden Sie diese nicht verpassen.

Auf der Suche nach dem Glück kommen immer mehr Menschen zu der Überzeugung, dass es nicht der materielle Wohlstand ist, der sie glücklich macht. Im *Glücksatlas 2013*, herausgegeben von der Deutschen Post AG, zeigt sich, dass insbesondere zwei Aspekte für das menschliche Wohlbefinden verantwortlich sind: Einerseits sind es die unmittelbaren Freuden und Leiden, andererseits die Erfahrung, etwas zu bewirken, die das Leben als sinnvoll erscheinen lassen. Womit wir wieder bei der Frage nach dem Lebensinhalt wären. Gesundheit, familiärer Zusammenhalt, eine gute Wohnsituation und die Möglichkeit, selbstbestimmt zu agieren, sind alles Dinge, die die Menschen in Deutschland als Glücksquellen betrachten. Arbeitslosigkeit und Einsamkeit dagegen machen sie unglücklich, im Alter kommen Pflegebedürftigkeit und Alterskrankheiten wie Demenz als Unglücksfaktoren hinzu. Alles in allem liegen wir in Deutschland im Hinblick auf die Lebensqualität innerhalb Europas an achter Stelle.

Das große Glück ist ein Mosaik aus vielen kleinen Freuden, die uns jeden Tag erreichen. Wir müssen sie nur achtsam wahrnehmen und dankbar annehmen.

4.2 Glückstraining

„Jeder ist seines Glückes Schmied" – das wusste der Volksmund schon immer. Glückliche Menschen leben länger und bleiben vor allem gesund. Das zeigen inzwischen viele Studien. Doch letzten Endes ist Glück nichts anderes als eine bestimmte Art, die Dinge zu sehen. Je nachdem, welche Erfahrungen wir in unserem Leben gemacht haben, welche genetische Prägung in uns steckt und welche Erwartungen wir an das Leben haben – das alles macht Glück für uns allgegenwärtig oder unerreichbar. Menschen, die viel Leid und Schmerz erfahren haben, erfreuen sich eher an den kleinen Dingen. Wer dagegen auf der Sonnenseite unserer Welt lebt und mit Themen wie Verlust und Krankheit bisher kaum in Berührung kam, stellt an sein Glück deutlich höhere Ansprüche.

Glückscoaching:

1. Zählen Sie möglichst viele Momente des Glücks auf. Beziehen Sie dabei alle sechs Lebensbereiche aus dem vorangegangenen Kapitel mit ein.
2. Wie fühlt sich Glück für Sie an? Versuchen Sie, es in Worte zu fassen.
3. Wann waren Sie das letzte Mal richtig glücklich?
4. Auf einer Skala von 1 für „weit weg vom Ziel" bis 10 für „am Ziel angekommen": Wo ordnen Sie Ihr momentanes Glückslevel ein?
5. Was steht Ihrem Glück im Wege? Stellen Sie sich vor, Sie hätten das Hindernis beseitigt. Was wäre dann anders?
6. Lassen Sie in einem ruhigen Moment Ihr Leben Revue passieren. Was waren die glücklichsten Zeiten in Ihrem Leben? Machen Sie sich Notizen dazu. Wenn Sie etwas mehr Zeit investieren möchten, erstellen Sie ein Fotoalbum.
7. Was haben die Stationen, die Sie mit einem hohen Glücksfaktor verbinden, gemeinsam?
8. Was könnte die nächste Station auf Ihrer Glückskurve sein? Fühlen Sie sich mit allen Sinnen in diesen Zustand hinein und visualisieren Sie diesen Moment des Glücks.

Glückstagebuch

Die Glücksforschung zeigt, dass Dankbarkeit ein stark glücksförderndes Gefühl ist. Die Fähigkeit, dankbar zu sein, macht das Glück oft erst möglich und lässt uns den Wert des Unglücklichseins erkennen.

- Schreiben Sie regelmäßig auf, wem und wofür Sie dankbar sind. Beginnen Sie damit noch heute.

- Reflektieren Sie jeden Abend, was Sie im Laufe des Tages glücklich und zufrieden gemacht hat. Das kann eine Begegnung, ein gutes Essen oder ein interessantes Gespräch gewesen sein.
- Identifizieren Sie jeden Tag eine Sache, die Ihnen gut gelingt, oder eine hilfreiche Eigenschaft, die Sie für gewöhnlich als gegeben hinnehmen und zu wenig wertschätzen.

Glücksbohnen

In Anlehnung an *Weiße Bohnen des Glücks*, eine wunderbare Erzählung von Hans Heß, möchte ich Ihnen eine Übung vorstellen, die Ihr Glückserleben dauerhaft bereichern wird: Nehmen Sie dazu über einen Zeitraum von mindestens zwei Wochen jeden Morgen eine Handvoll möglichst kleiner weißer Bohnen in Ihre rechte Hosen-, Jacken- oder Manteltasche. Immer dann, wenn Sie im Laufe des Tages einem Moment des Glücks begegnen, nehmen Sie eine Bohne aus Ihrer rechten Tasche und legen sie in die linke. Am Abend schauen Sie neugierig nach, wie viel weiße Glücksbohnen sich in Ihrer linken Tasche befinden, und zählen diese, indem Sie sich gleichzeitig an die Augenblicke erinnern, mit denen die Bohnen verbunden sind.

„Aber es gibt doch auch schwarze Bohnen und belastende Situationen", werden Sie jetzt sicher sagen. Natürlich gibt es die, sie gehören zum Pendelschlag des Lebens. Wir dürfen nicht erwarten, immer nur glücklich zu sein. Das ist sicher nicht realistisch und auch nicht erstrebenswert.

Trotzdem können wir es lernen, unseren Fokus mehr auf die schönen Seiten des Lebens auszurichten statt auf die negativen. Es ist kein Makel, nicht glücklich zu sein, aber auf Dauer wird der Zustand zur Last. Wie gut ist es deshalb, zu wissen, dass Sie sich selbst dabei helfen können, aus dem Tief herauszukommen.

Fazit: Schenken Sie den schwarzen Bohnen nach Möglichkeit weniger Beachtung als den weißen und Ihre Wahrnehmung wird sich mit der Zeit positiv verändern. Sie werden wesentlich mehr Glücksmomente in Ihrem Alltag entdecken, als Sie es jetzt für möglich halten. Probieren Sie es unbedingt aus!

Arbeiten Sie mit Ihrem Glück Hand in Hand: Überlegen Sie, was Sie glücklich macht, achten Sie auf kleine Freuden und seien Sie dankbar für Glücksmomente. Mit ein bisschen Übung werden auch Sie ein glücklicherer Mensch.

4.3 Glücksnetzwerk

„Glück ist das Einzige, das sich verdoppelt, wenn man es teilt", stellte Albert Schweitzer fest. Zumindest ist das in den meisten Fällen so. Gehen Sie also los und suchen Sie Menschen, die ähnlich wie Sie denken und vielleicht eine Änderung in ihrem Leben bewirken wollen. Wir sind Wesen, die soziale Kontakte und Bindungen brauchen. Neben Freundschaft und Nähe ist auch Liebe wichtig. Menschen, die sich geliebt und geborgen fühlen, sind glücklicher und leben gesünder als Einzelgänger. Eine liebevolle Zuwendung, Hautkontakt oder eine zärtliche Geste sorgen für mehr Lebensfreude und Wohlbefinden. Gerade deshalb sollten Menschen, denen es nicht gut geht, nie alleine sein. Denken Sie einmal drüber nach, ob es in Ihrem Umfeld Menschen gibt, denen Sie ein bisschen von Ihrem Glück abgeben und mit denen Sie es gleichzeitig vermehren könnten.

Zehn Tipps zum Aufbau eines Glücksnetzwerks:

1. Investieren Sie in Freundschaften und Beziehungen, die auf Geben und Nehmen basieren.
2. Lachen Sie viel und sooft wie möglich gemeinsam mit anderen, unbedingt auch über sich selbst.
3. Seien Sie spontan, empfangen Sie oft Gäste und seien Sie auch kurzfristig zu Treffen bereit.
4. Bringen Sie Bewegung in Ihr Leben. Sport ist eine Quelle des Glücks. Schon bei einem Spaziergang an der frischen Luft werden Glückshormone ausgeschüttet und sorgen für ein Wohlgefühl. Bewegungsmuffel suchen sich am besten einen Verbündeten, aber bitte nicht den eigenen Schweinehund.
5. Gönnen Sie sich öfters etwas Schönes. Das kann ein Kleidungsstück, ein tolles Essen oder eine Auszeit im Wellnesstempel sein. Freuen Sie sich auch über das Glück anderer.
6. Spenden Sie, wenn Ihr Budget es zulässt. Menschen, die in Not geraten sind, zu helfen, macht wirklich glücklich. Investieren Sie regelmäßig Zeit in eine ehrenamtliche Tätigkeit, die an-

deren Menschen oder Tieren zugutekommt. Auch diese Form des Teilens generiert Glücksgefühle.

7. Unternehmen Sie öfter etwas, das kein konkretes Ziel verfolgt, sondern nur die Lebensfreude und das Miteinander in den Vordergrund stellt. Das kann ein Konzert, ein Theaterbesuch oder eine Fahrradtour sein. Was immer es auch ist – freuen Sie sich schon im Vorfeld darauf.

8. Pflegen Sie die Zweisamkeit und überraschen Sie Ihre/n Partner/-in mit kreativen Ideen.

9. Verbringen Sie einige genussvolle Stunden in der Natur, nehmen achtsam die Farben und Formen wahr, den Wind und die wärmende Sonne. Jede Jahreszeit hat eine Menge zu bieten.

10. Seien Sie authentisch und grübeln Sie nicht darüber nach, was andere von Ihnen erwarten und an Ihnen schätzen. Genießen Sie es, ein Teil der Gemeinschaft zu sein, und arbeiten Sie an einer positiven Lebenseinstellung.

Gelassenheit im Familiengefüge

Manchmal fragen wir uns, wieso gerade Menschen, die uns besonders viel bedeuten, unsere Gelassenheit von Zeit zu Zeit mächtig strapazieren. Eigentlich steckt in dem Satz, den Sie eben gelesen haben, schon die Antwort: Weil sie uns am Herzen liegen und wir ihnen vermutlich auch, weil wir um ihr Lebensglück und Wohlbefinden besorgt sind und weil wir ihnen, auch wenn es nach außen hin nicht immer sichtbar wird, alles Gute der Welt wünschen – genau deshalb empfinden wir so.

Wenn diese Menschen andere Ansichten haben und auf dem Weg sind, Dinge zu tun, die unserem Verständnis von Glück widersprechen, bringt uns das richtig in Rage. Blockierende Gefühle scheinen plötzlich in Beton gegossen. Mein pragmatischer Vorschlag in einer solchen Situation: Nehmen Sie sich etwas zurück. Üben Sie sich in Geduld und Gelassenheit. Vorwürfe schaffen Distanz und stoßen nicht selten auf Gegenwehr. Damit ist keinem geholfen. Würdigen Sie stattdessen das Problem – was ist möglicherweise gut daran? Wagen Sie einen Perspektivwechsel. Das gibt Ihnen einen Überblick, schafft Abstand und entspannt Sie.

Bauch trifft Hirn

Dazu möchte ich Ihnen eine Übung aus dem systemischen Ansatz anbieten, in dem es darum geht, Impulse in ein Gefüge zu geben, das dadurch in Bewegung kommt und möglicherweise neue, für alle Beteiligten dienliche Konstellationen findet.

(1) Bestimmen Sie zunächst, was die wichtigen Anteile in der belastenden Situation sind. Sicher sind es die Hauptdarsteller – zum einen Sie selbst, zum anderen die Person, mit der Sie die Differenzen haben. Benennen Sie auch die Gefühle, die Ihnen in diesem Zusammenhang in den Sinn kommen.

(2) Symbolisieren Sie diese Aspekte durch Gegenstände, etwa Radiergummi und Stifte, Schachfiguren oder Kinderspielzeug. Wählen Sie auch ein Symbol für Glück und Gelassenheit.

(3) Ordnen Sie diese Gegenstände auf einem Tisch so an, dass sie die Beziehung der Anteile zueinander widerspiegeln, so wie Sie es aktuell erleben. Achten Sie dabei bewusst auf die Blickrichtung und die Entfernung der beteiligten Personen zueinander.

(4) Schauen Sie sich das entstandene Bild an und nehmen Sie sich Zeit, um es auf sich wirken zu lassen.

(5) Was fällt Ihnen dabei auf? Welche Problematik wird sichtbar? Was sagt Ihnen Ihr Kopf und was Ihr Bauch? Unter Umständen meldet sich auch Ihr Herz zu Wort.

(6) Nachdem Sie das Problem auf diese Art betrachtet haben, wagen Sie den Perspektivwechsel: Verschieben Sie die Gegenstände, bis sich ein Bild ergibt, das stimmig für Sie ist und Sie entspannt. Legen Sie erneut die Blickrichtungen und die Distanz zwischen den Beteiligten fest. Bei Bedarf nehmen Sie weitere Spielfiguren hinzu.

(7) Was bedeutet das für Ihre Situation? Welche neuen Ideen tauchen auf?

(8) Wenn Sie sich jetzt selbst einen Rat geben sollten – wie würde dieser lauten?

Ähnlichkeit und Loyalität in der Familie

Obwohl für die meisten von uns die Familie einen besonderen Stellenwert hat, stellt das Miteinander nicht selten eine Herausforderung für unser Glück dar. Ein anderer Aspekt, der hier mitschwingt, ist Ähnlichkeit und Loyalität. Warum sind wir Vater oder Mutter so ähnlich? Sicher sind es zum Teil die Gene, die äußerlich und innerlich eine Ähnlichkeit erzeugen. Doch Kinder werden ihren Eltern auch aus Verbundenheit ähnlich – und verweigern sich dem Glück, weil sie erfahren haben, dass ihre Eltern nicht glücklich waren. Daher ist es sehr wichtig, sich zu erlauben, Glück und Genuss zu empfinden, auch wenn wir innig mit Menschen verbunden sind, die diese Möglichkeit in der Form, in der wir sie haben, nicht hatten. Vielleicht ist ein Elternteil oder ein anderes Familienmitglied früh verstorben oder schwer krank. Würdigen Sie in einem Moment der Ruhe und Innenschau diese Situation, dann lassen Sie los und gehen Ihren eigenen Weg. Seien Sie gewiss, dass diese Person, mit der Sie ein so starkes Band verbindet, Ihnen ein ganz besonders großes Stück vom Lebensglück wünscht. Sie schaut lieber zu, wie Sie gelassen durch Ihr Leben gehen, als mit ansehen zu müssen, wie Sie – als vermeintlicher Ausgleich oder Wiedergutmachung – leiden.

Was wir für das Glück unserer Kinder tun können

Inzwischen beschäftigen sich sehr viele Wissenschaftler und Forscher mit dem Thema Glück. Dabei geht es um die Neurobiologie des Glücks und um Methoden, die wir nutzen können, um unser Glück zu maximieren. Als Mutter zweier zauberhafter Kinder möchte ich Ihnen an dieser Stelle Hinweise geben, wie Sie kleine und große Kinder auf dem Weg zu mehr Lebensfreude und

Gelassenheit unterstützen können. Ich weiß, dass diese Tipps und Ideen nicht immer so einfach umzusetzen sind. Trotzdem lohnt es sich, darüber nachzudenken und das eine oder andere auszuprobieren.

- Fördern Sie die Freude Ihres Kindes am Alltag. Zeigen Sie ihm die Vielfalt der Möglichkeiten auf, Glück zu entdecken, beispielsweise Gelegenheiten, Gutes zu tun oder auf ein stabiles soziales Netzwerk zurückgreifen zu können.
- Wecken Sie in Ihrem Kind eine optimistische Grundhaltung, am besten indem Sie sie ihm vorleben.
- Helfen Sie Ihrem Kind, Krisen als Bestandteil des Lebens zu begreifen, sie konstruktiv zu bewältigen und daran zu wachsen.
- Schenken Sie Ihrem Kind Vertrauen, das stärkt sein Selbstvertrauen.
- Bringen Sie mehr Geduld und Gelassenheit in den Familienalltag. Niemand ist perfekt – und niemand muss perfekt werden.
- Machen Sie Ihrem Kind klar, dass kurzfristige Bedürfnisse, wie die Lust auf den Schokoriegel an der Kasse oder der Wunsch nach dem neuesten Smartphone, nicht immer sofort befriedigt werden müssen.
- Zeigen Sie Dankbarkeit für das, was da ist, damit Ihr Kind die Haltung von Ihnen lernen kann.
- Fordern Sie, aber überfordern Sie nicht. Schrauben Sie Ihre Erwartungen zurück, wenn Sie merken, dass Sie die Messlatte zu hoch angesetzt haben.

- Schaffen Sie Verbindlichkeit und eine Atmosphäre des gegenseitigen Vertrauens.
- Aktivieren Sie die kindlichen Ressourcen. Lieber ein Lob zu viel als ein Schulterklopfen zu wenig.
- Schaffen Sie sich Freiräume und verbringen Sie viel Zeit mit Ihrem Kind. Diese Zeit ist kostbar und kehrt nie wieder zurück.

Jeder Moment in unserem Leben hat das Potenzial, uns glücklich zu machen. Auch wenn Glück sich nicht erzwingen lässt, können wir die Denk- und Verhaltensweisen, die es fördern, erlernen.

- *Achten Sie auf kleine Freuden und Glücksmomente in Ihrem Alltag. Halten Sie sie beispielsweise in einem Glückstagebuch fest.*
- *Üben Sie sich darin, Dankbarkeit zu empfinden.*
- *Bauen Sie sich ein Glücksnetzwerk auf, indem Sie sich Menschen und Aktivitäten widmen, die Sie glücklich machen.*
- *Gerade die Menschen, deren Glück uns besonders am Herzen liegt, fordern uns am meisten heraus – machen Sie sich das bewusst und versuchen Sie, Gelassenheit in der Familie zu bewahren.*
- *Verbringen Sie wertvolle Zeit mit Ihren Kindern und stellen Sie bei ihnen bereits die Weichen für mehr Glücksempfinden.*

30 MINUTEN

5. Humor

Humor zu haben bedeutet nicht etwa, einen großen Vorrat an Witzen und Pointen auf Lager zu haben – Humor ist vielmehr eine Geisteshaltung. Er macht das Leben einfacher, insbesondere wenn wir lernen, über uns selbst zu lachen. Wer über sich selbst lacht, gewinnt Distanz zu seinen eigenen Ansichten, wirkt dadurch der eigenen Sturheit entgegen und stellt eine gelassene Perspektive her, die es leichter macht, zu relativieren. Auf einmal erscheint alles „halb so wild". Das Lachen gibt uns damit ein Stück Freiheit. Es erleichtert auch die Kommunikation, sei es am Arbeitsplatz, zwischen Ehepartnern, Eltern und Kindern oder beim Telefonat mit der Schwiegermutter.

5.1 Humor schafft Abstand

Sicher kennen Sie das Gefühl nach einem herzhaften Lachanfall: Sie halten sich japsend den Bauch fest und wischen sich die letzte Lachträne aus dem Auge. Sie fühlen sich rundum zufrieden und glücklich. Nichts kann Sie in diesem Augenblick aus der Ruhe bringen. Gelassen lehnen Sie sich zurück.

Humor verträgt sich nicht mit Ärger, ebenso wenig wie mit dem Gefühl von Hoffnungslosigkeit. Er stellt eine Form des Relativierens dar. Dadurch fördern wir den inneren Abstand zu unseren Schwächen und Alltagssorgen. Oft werden dann Auswege sichtbar, die uns bis dahin verborgen blieben, und sobald wir eine Problemlösung vor Augen haben, wachsen die in uns schlummernden Kräfte und vertreiben die Resignation. So durchbrechen wir einen Kreislauf: Denn je weniger Abstand ich zu meinen persönlichen Fallen und Zwängen habe, umso mehr verstricke ich mich darin. Wenn ich hingegen über mich lachen kann, schaffe ich mehr Objektivität und auch immer mehr Freiräume, um den selbst gestellten Fallen ausweichen zu können. Ich kann dem Leben wesentlich gelassener entgegentreten.

Ihr Humorcoach lässt grüßen
1. Wann haben Sie das letzte Mal über sich selbst gelacht? Geschah das aus Verlegenheit oder aus vollem Herzen?

2. Gibt es Charakterzüge oder Äußerlichkeiten, die Sie an sich liebenswert komisch finden? Listen Sie alle auf, die Ihnen spontan in den Sinn kommen.
3. Können Sie, wenn Sie an misslungene Auftritte im Beruf oder im Privatleben zurückdenken, der Situation etwas Lustiges abgewinnen? Denken Sie am besten an mindestens einen konkreten Fall.
4. Haben Sie damit zu kämpfen, wenn jemand über Sie wertschätzend und auf Augenhöhe lacht? Oder können Sie sogar in das Gelächter mit einstimmen, wenn Sie merken, dass Sie wieder einmal den Bogen überspannt haben?

Entdecken Sie den Clown in sich – aber natürlich nicht ohne Sinn und Verstand. Bleiben Sie anderen gegenüber immer fair. Es macht viel mehr Spaß, gemeinsam mit Freunden und Kollegen über Dinge zu lachen, als andere mit Komik für Ihre Fehler zu bestrafen. In Konflikten wirkt das Lachen oft deeskalierend, und zwischen zwei Menschen sowie in der Gruppe fördert es den Zusammenhalt. Ganz gleich, ob beim Vortrag, im Meeting oder einfach nur auf einer Party: Wer das Gesagte mit Humor würzt, sorgt für gute Stimmung und gewinnt Sympathiepunkte. Nicht selten hilft Humor, peinliche Situationen zu überstehen und sich selbst und anderen Fehler zuzugestehen und zu verzeihen. Denn niemand von uns ist vollkommen.

Spieglein, Spieglein an der Wand

Verschenken Sie öfter mal eine Karikatur oder lassen Sie am besten eine von sich selbst anfertigen.

Bringen Sie diese unbedingt an einem strategisch günstigen Ort in Ihrem Zuhause unter. Täglich im Blick, erinnert Sie die Zeichnung daran, sich nicht ganz so wichtig zu nehmen und die Welt mit einer heiteren Gelassenheit zu betrachten.

Wenn Sie gerne zeichnen oder es ausprobieren möchten, wagen Sie sich einmal an eine Selbstdarstellung in Karikaturform. Das kann ein Porträt oder ein Ganzkörperbild sein. Überlegen Sie sich im Vorfeld mindestens drei Eigenschaften, die Sie an sich ganz besonders mögen, und ebenso mindestens drei weitere, die Sie als Ihre „lustigen" Seiten bezeichnen würden. Dabei sind Merkmale und nach außen hin sichtbare Wesenszüge, die aus der Idealform herausfallen, besonders willkommen. Wenn Sie nur das Gesicht zeichnen, können solche Gegensatzpaare aus Vorzügen und komischen Merkmalen beispielsweise tolle Augen und abstehende Ohren, ein spitzes Kinn und schön geformte Lippen oder ein wunderschönes Lächeln und eine große Nase sein. Auf diese Weise entdecken Sie sicher viele spannende Attribute an sich selbst und lernen sich so besser kennen. Ziel der Übung ist es nicht, Schwachstellen zu finden, denn niemand ist perfekt. Ganz im Gegenteil, begegnen Sie Ihren kleinen Schwächen mit Humor und Gelassenheit!

Konfliktfähig und schlagfertig

Konfliktfähige Menschen wissen eine Auseinandersetzung anzunehmen und konstruktiv zu bewältigen. Ohne eine Beziehung zu gefährden, streben sie meist nach einer Lösung, die alle beteiligten Parteien zufriedenstellt. Je nach Situation kann hier Humor gefragt sein, um überhaupt erst auf ein Niveau zu kommen, das Verhandlungen zulässt. Die folgende Übung hilft Ihnen, Konflikte mit Humor zu lösen:

(1) Denken Sie an eine Situation oder eine persönliche Begegnung, die Sie als besonders schwierig, unangenehm oder verfahren bezeichnen würden. Notieren Sie diese in Stichworten.

(2) Im zweiten Schritt überlegen Sie, wie Sie die Situation mit einer Prise Humor hätten entschärfen können. Was hätten Sie wie sagen oder tun können, um eine entspannte Atmosphäre zu schaffen?

(3) Wenn Ihnen dazu spontan nichts einfällt, weil Sie sich immer noch zu sehr „mittendrin" befinden, betrachten Sie die Begebenheit einmal aus einer anderen Perspektive. Werden Sie zum neutralen Beobachter und streuen Augenblicke der Heiterkeit oder des Optimismus in den Film vor Ihrem inneren Auge. Achten Sie darauf, wie sich Ihre Wahrnehmung dabei verändert.

(4) Greifen Sie diese Übung von Zeit zu Zeit auf, spielen Sie eine Situation in Ihrem Kopf durch und lernen Sie auf diese Art für die Zukunft.

Humorvoll präsentieren

Setzen Sie Ihren Humor und Charme gezielt ein, wenn Sie eine Präsentation oder Rede vorbereiten. Jedes

Schmunzeln und Lachen im Publikum verbuchen Sie als klaren Pluspunkt auf Ihrem Humorkonto.

Wann haben Sie denn das nächste Mal Gelegenheit dazu, dies bewusst auszuprobieren? Vielleicht bei einem Geburtstag oder einer Hochzeit? Überlegen Sie, was der nächste geeignete Anlass für eine Rede oder Präsentation sein könnte, und ergreifen Sie diese Gelegenheit. Machen Sie einen verbindlichen Vertrag mit sich selbst!

Wenn Sie im Verkauf tätig sind, überlegen Sie, wie Sie humorvoll Akquise betreiben können und wie diese Strategie zur Kundengewinnung beitragen kann.

Humor ist mehr als ein paar Witze in geselliger Runde. Es ist eine Geisteshaltung, die uns hilft, unsere Schwächen und Alltagssorgen zu relativieren und so den nötigen Abstand zum Ernst des Lebens zu gewinnen. Je öfter Sie über sich selbst lachen, desto öfter stellt sich heitere Gelassenheit in Ihrem Gemüt ein.

5.2 Humor als Stresskiller und Antidepressivum

Ja, es gibt sie wirklich, die Wissenschaft vom Lachen: Die Gelotologie, wie sie im Fachjargon heißt, untersucht die Auswirkungen des Lachens auf den Körper und die Psyche des Menschen. Und davon gibt es eine Vielzahl.

Zum einen werden Glückshormone im Gehirn freigesetzt und Stresshormone zeitgleich reduziert. Zum anderen aktiviert das Lachen das Herz-Kreislauf-System, die Atmung wird tiefer und das Immunsystem angekurbelt. Lachen hält fit, da dabei 300 verschiedene Muskeln aktiviert werden, es wirkt gegen Angst, Lampenfieber und Depression und nicht zuletzt: Beim Lachen hat der Verstand einmal Pause.

Humor als Trampolin ins Glück

Im Zentrum unseres Gehirns sitzt der „Lachkern", Nucleus accumbens genannt. Es ist die Region, die auch für die Belohnung zuständig ist. Hier wird beim Lachen das Dopamin ausgeschüttet. Gutes Essen, guter Sex und leider auch Drogen haben die gleiche Wirkung. Dabei ist wissenschaftlich belegt, dass nicht nur das spontane und herzhafte Lachen unser Gehirn derart stimuliert, sondern auch das zunächst nur simulierte.

Mit dieser Erkenntnis im Hinterkopf lässt sich gut nachvollziehen, wie Lachyoga wirkt. Es ist eine Kombination aus pantomimischen und spielerischen Elementen aus dem Yoga und der westlichen Gelotologie. Gerade Menschen, die wenig zu lachen haben, praktizieren Lachyoga, um die positiven Effekte des Lachens auf den Organismus zu nutzen. Deshalb gibt es in vielen Rehabilitationskliniken Kurse, wo unter Anleitung eines Trainers fleißig gelacht wird. Das Lachen fördert den Prozess der Genesung und stellt ein Stück weit Normalität wieder her, wo diese aus den Fugen geraten ist.

Auch in den meisten Großstädten in Deutschland gibt es Lachyogatreffs, wo Menschen zusammenkommen, um gemeinsam zu lachen. Ganz nach dem Motto: „Fake it, until you make it!" Ganz nebenbei lernen sie Gleichgesinnte kennen und schließen neue Freundschaften. Mittlerweile findet dieser Gesundheitstrend, der 1995 von einem indischen Arzt namens Dr. Madan Kataria in Mumbai ins Leben gerufen wurde, weltweit großen Anklang. Da das Lachen Situationen entschärft und Aggressionen mindert, wird Lachyoga sogar in Haftanstalten angeboten.

Zugegeben, Lachyoga nutzt die Gruppendynamik, um Menschen gelassen in eine gute Stimmung zu katapultieren. Aber es gibt auch Möglichkeiten, wie Sie die Macht des Humors für sich alleine nutzen können. Hier einige Übungen dazu:

Morgenmuffel ade: Sie taumeln ins Bad und stellen sich wacker vor Ihren Badezimmerspiegel oder bleiben unterwegs dorthin vor Ihrer Karikatur stehen. Recken und strecken Sie sich genüsslich. Gähnen und seufzen Sie, sooft und so ausgiebig Sie mögen, und setzen Sie dann bewusst ein breites Grinsen in Ihr Gesicht. Bleiben Sie für einen Augenblick bei Ihrem Lächeln und stellen Sie sich bildlich vor, wie ein Cocktail aus Glückshormonen in diesem Moment Ihren ganzen Körper flutet. Falls Sie auf einmal den Impuls verspüren, laut zu lachen, dann geben Sie ihm natürlich nach.

Pausen-Schubbern: Stellen Sie sich bequem mit dem Rücken an eine Wand. Ihre Beine sind leicht gebeugt, die Schultern entspannt. Rubbeln Sie Ihren Rücken durch energische Bewegungen von unten nach oben und von rechts nach links und umgekehrt an der Wand. Rollen Sie Ihre Schultern und grinsen oder lachen Sie dabei, gerne auch laut. Vielleicht erinnern Sie sich an Balu, den Bären aus dem Dschungelbuch, der mit einem gelassenen Lächeln im Gesicht das Gleiche tut und dabei Folgendes singt: „Probier's mal mit Gemütlichkeit, mit Ruhe und Gemütlichkeit jagst Du den Alltag und die Sorgen weg ..." Noch mehr Vergnügen macht die ganze Angelegenheit mit einem Partner oder einer Partnerin, Rücken an Rücken. Denn ein schöner Rücken kann nicht nur entzücken!

Lachmeditation: Sie haben sich den Dienstschluss redlich verdient. Lassen Sie sich entspannt auf Ihr Sofa fallen oder setzen Sie sich bequem in einen Sessel. Nun schließen Sie Ihre Augen und atmen einige Male tief durch die Nase ein und aus. Lassen Sie dabei die Anspannung und den Stress von sich abfallen. Dann ziehen Sie Ihre Mundwinkel bewusst zu einem Grinsen hoch und beobachten neugierig, was in Ihrem Körper geschieht. Geben Sie sich dem Gefühl vollkommen hin. Lächeln Sie kraftvoll nach innen und lassen Sie alle Zellen Ihres Körpers an der Botschaft teilhaben: „Es geht mir richtig gut!" Nach einer Weile öffnen Sie Ihre Augen wieder und starten entspannt in den Feierabend.

Die heilsame Wirkung der Persiflage

In der Psychotherapie gibt es eine Therapieform, die durch Humor und Provokation die persönliche Stärke des Patienten aufbaut, indem seine Sorgen überzeichnet dargestellt werden. Der Klient lernt, zu widersprechen, über die Darstellung zu lachen und schließlich und endlich das Problem zu relativieren. Natürlich ist das nur bei bestimmten Themen möglich, aber es ist eine erfolgreiche Technik, um Sackgassen zu entkommen. Sie lässt sich hervorragend in Situationen nutzen, in denen in der Kommunikation nur ein geringer Freiheitsgrad für Reaktionen zur Verfügung steht.

Aber auch sonst hebt dieser Stil Ihre Interaktion mit anderen auf ein Schmunzelniveau und peppt die eine oder andere Beziehung wieder auf. Es gibt nur wenige Situationen, wo Sie ein solches Persiflieren unbedingt vermeiden sollten, zum Beispiel bei der Sicherheitskontrolle am Flughafen. Wenn Sie dann gefragt werden, was Sie im Gepäck haben, sollten Sie besser nicht antworten: „Eine Bombe und drei Handgranaten."

Ansonsten machen Sie heiter weiter, probieren sich darin ruhig mal aus. Und ganz unter uns: Diese Art der Kommunikation macht vor allem eins – richtig Spaß. Damit Sie sich besser in die Thematik einfühlen können, stelle ich Ihnen einen möglichen Dialog vor:

Chef: *„Herr Müller, ich bin mir sicher, dass Sie am Wochenende noch etwas Zeit finden werden, um das aktuelle Projekt abzuschließen?"*

Herr Müller: *„Vorausschauend, wie ich bin, habe ich die-*

se Woche meine Frau und Kinder in den Urlaub geschickt und den Pizzaservice vorbestellt, damit ich mich in Ruhe an die Arbeit machen kann. Wenn alles gut geht, bin ich in der Nacht von Sonntag auf Montag fertig und kann nach einem kurzen Kraftnickerchen direkt das neue Projekt anfangen."

Nach einem Moment der Stille lachen beide – hoffentlich.

Herr Müller: "Nein, jetzt mal im Ernst. Dieses Wochenende steht meine Familie auf dem Plan. Gleich Montagmorgen werde ich mich mit dem Projekt weiter beschäftigen, um möglichst bald zum Abschluss zu kommen."

Chef, der sich der überzogenen Forderung bewusst ist: "Ja, ist gut, Herr Müller. Dann ein schönes Wochenende."

Tipps und Tricks, wie Sie mit Humor ein Stimmungstief vertreiben können:

☺ Bauen Sie kurze Lacheinheiten in ihre tägliche Routine ein, anfangs legen Sie diese mit einem Smiley in Ihrer Agenda fest.

☺ Legen Sie eine „Best off"-Witzesammlung an. Es gibt viele Situationen, wo Sie diese zum Besten geben können.

☺ Starten Sie ein Meeting oder eine Teambesprechung mit einem Ritual – einer Lachyogaübung oder einem kernigen Witz. Es stärkt den Teamgeist, fördert die Aufmerksamkeit und macht gute Laune.

☺ Schauen Sie Filme oder lesen Sie Bücher, die Sie zum Lachen bringen – als Kontrastprogramm zu den Tagesnachrichten.

☺ Im Internet finden Sie inzwischen Portale, die lustige Anekdoten aus dem Alltag wiedergeben, in Text- und in Videoform. So können Sie sich leicht per Mausklick in eine gute Stimmung manövrieren.

☺ Lachen Sie beherzt in Ihr Mobiltelefon, wenn es sonst nichts zu lachen gibt. Ihre Kollegen werden Sie um Ihren Gesprächspartner beneiden.

☺ Lächeln Sie im Vorbeigehen auf öffentlichen Plätzen fremde Menschen an. Die, die besonders grimmig schauen, eignen sich dazu am besten. Es macht Freude, zu beobachten, wie sich ihre Gesichtszüge ändern. Und ganz nebenbei erhalten Sie meist ein freundliches Lächeln zurück.

☺ Zu guter Letzt entwickeln Sie eigene Strategien und kreative Lösungen! Auf diese Weise haben Sie immer ein Nachschlagewerk für Krisenzeiten in der Hand.

Als humorvoller Mensch leben Sie deutlich entspannter und gelassener. Sie nutzen das Lachen als Erfolgsstrategie und als Balsam für die Seele. Ganz nebenbei hält Lachen auch Ihren Körper fit. Folgende Übungen helfen Ihrem Humor auf die Sprünge:

30

- *Lassen Sie eine Karikatur von sich anfertigen oder zeichnen Sie sich selbst mit Ihren charakteristischen Vorzügen und komischen Merkmalen.*
- *Überlegen Sie, wie Sie bestimmte Konflikte, die Sie erlebt haben, mit Humor hätten entschärfen können.*
- *Peppen Sie Ihre nächste Rede oder Präsentation mit lustigen Elementen auf.*
- *Lachen und lächeln Sie ganz bewusst, auch wenn Ihnen zunächst nicht danach ist – Ihr Gehirn reagiert darauf und schüttet Glückshormone aus.*
- *Techniken wie Lachyoga wirken tatsächlich. Seien Sie dafür offen und gehen Sie einmal zu einem Lachyogatreff.*

30 MINUTEN

6. Gelassenheit als Erfolgsfaktor

Wenn Sie mir bis zu diesem Punkt gefolgt sind, dann haben Sie inzwischen mehr über Ihre eigenen Stärken und Schwächen erfahren und wissen darüber zu berichten, wie die einzelnen Säulen im Tempel der Gelassenheit miteinander zusammenhängen. Was jetzt folgt, ist ein Exkurs in die Resilienzforschung und eine Darstellung des damit verbundenen Zusammenhangs von Gelassenheit und Erfolg.

Haben Sie sich schon einmal Gedanken darüber gemacht, was es für Sie heißt, erfolgreich zu sein? Die Antwort fällt in der Regel sehr individuell aus. Nutzen Sie dazu einen Rückblick auf die von Ihnen im 3. Kapitel gesetzten Ziele. Denn meist ist es die Zielerreichung, die wir mit Erfolg in Verbindung bringen.

6.1 Das Konzept der Resilienz

Resilienz ist die Fähigkeit, Krisen zu meistern und sie als Anlass zur Weiterentwicklung zu nutzen. Sie ist eine wertvolle Ressource, die uns hilft, den Alltag zu bewältigen und Hürden und Rückschläge nicht als unüberwindbare Hindernisse zu sehen, sondern als notwendige Schritte auf dem Weg zum Ziel.

Die wesentlichen Faktoren, die zur Resilienz beitragen, sind zum einen die genetische Prädisposition und zum anderen Frustrationstoleranz und emotionale Intelligenz, also die Fähigkeit, Emotionen und Handlungen zu kontrollieren und dabei den Fokus auf die Problemlösung statt auf die Problemfixierung zu setzen. Menschen, die resilient sind, gehen gelassener durchs Leben und schaffen es, auch in schwierigen Situationen wieder in einen Zustand des Wohlbefindens zurückzukehren.

Im Umkehrschluss: Strategien, die helfen, Gelassenheit einzuüben und den Blick auf das große Ganze zu richten, bilden das Fundament der psychischen Widerstandskraft, die Resilienz genannt wird. Selbst wenn Sie von Natur aus nicht der resiliente Typ sind, können Sie von jetzt an die Weichen für die Zukunft neu stellen, um Krisen als Chance zu sehen, statt den Kopf vorschnell in den Sand zu stecken. Denn die Fähigkeit der Resilienz lässt sich das ganze Leben lang weiterentwickeln. Mit dem vorliegenden Buch haben Sie das notwendige Rüstzeug in der Hand, um in diesem Bereich mehr aus sich herauszuholen und mit mehr Selbstverantwortung für sich zu sorgen.

Als Resilienz wird die psychische Widerstandskraft bezeichnet, die unter anderem auf Frustrationstoleranz und emotionaler Intelligenz beruht. Resiliente Menschen sind gelassener – und umgekehrt gilt: Wer seine Gelassenheit trainiert, fördert auch die eigene Resilienz.

6.2 Gelassen Chancen nutzen

Wer erfolgreich sein will, braucht das Geschick, Möglichkeiten zu erkennen, sobald diese sich ihm bieten, und sie beherzt zu ergreifen. Voraussetzung dafür sind eine achtsame Haltung und eine ungetrübte Sicht auf die Zusammenhänge. Eine wertebasierte und spirituell ausgerichtete Lebensweise steigert nachweislich die persönliche Resilienz und erhöht den Grad der Gelassenheit. Wer das Glück als Konstrukt begreift, das sich im Alltäglichen finden lässt, in kleinen und oft übersehbaren Dingen und flüchtigen Momenten, statt unentwegt in der Warteschleife zu hängen und sich den großen Augenblick, den Millionengewinn, herbeizusehnen, lernt dankbar die schönen Seiten des Lebens zu begreifen und ist für die weniger schönen besser gewappnet. Wer sich zudem ein humorvolles und optimistisches Gemüt bewahrt, der kann den Herausforderungen der heutigen Zeit gelassen und resilient entgegentreten.

Emotionen selbst steuern

Sowohl Resilienz als auch die Fähigkeit der Gelassenheit basieren beide auf der Emotionsregulation. Positive Emotionen wie Freude haben dabei eine stabilisierende Wirkung, negative wie Wut und Ärger dagegen
eine destabilisierende.

Überlegen Sie sich, in welchen Situationen Sie vorschnell dazu neigen, sich über Dinge unnötig zu ärgern. Denken Sie dabei an eine bestimmte wiederkehrende Gegebenheit und die damit verbundenen
Handlungstendenzen.
✓ _____
✓ _____
✓ _____

Wie könnten diese Situationen mithilfe der Ihnen
bereits bekannten Werkzeuge entschärft werden?
✓ _____
✓ _____
✓ _____

Wie sähen dann die folgenden Handlungsimpulse
aus?
✓ _____
✓ _____
✓ _____

Krise als Chance

Aus Fehlern kann man lernen, aus Krisen auch! Gerade in schwierigen Zeiten sind unsere Stärken gefragt. Sie werden uns dann bewusst und wir können sie weiterentwickeln. So bergen gerade Krisen die Chance, eine positive Veränderung in Gang zu bringen.

Erinnern Sie sich an die größten Umbrüche und Krisen in Ihrem Leben. Welche Veränderungen haben diese angestoßen?
- ✓ _____
- ✓ _____
- ✓ _____

Gab es dabei auch positive Aspekte – welche Ihrer Stärken haben Sie nutzen oder weiterentwickeln können?
- ✓ _____
- ✓ _____
- ✓ _____

Welche Veränderungen sind für die Zukunft absehbar und wie kann Ihnen die Kraft der Gelassenheit bei der Bewältigung eine Hilfe sein? Entwickeln Sie Visionen!
- ✓ _____
- ✓ _____
- ✓ _____

30 *Resilienz, die Grundlage des „Stehaufmännchen-Prinzips", hilft dabei, Krisenzeiten unbeschadet zu überstehen, gesund zu bleiben und die eigene Lebensfreude nicht zu verlieren. Mithilfe der vier Säulen der Gelassenheit können Stärken, die die Resilienz fördern, gezielt generiert werden. Haben Sie außerdem Folgendes im Blick:*

- *Eine wirkungsvolle Emotionsregulation ist wichtig für Gelassenheit und Resilienz. Gibt es Situationen, in denen Sie sich unnötig ärgern? Überlegen Sie, wie Sie diesen Ärger vermeiden können.*

- *Lernen Sie, Krisen als Chancen zu sehen. Vielleicht fällt Ihnen ja eine Krise in Ihrem Leben ein, durch die Sie sich weiterentwickeln konnten?*

Achte gut auf diesen Tag, denn er ist das Leben –
das Leben allen Lebens.

In seinem kurzen Ablauf liegt alle Wirklichkeit und
Wahrheit des Daseins –
die Wonne des Wachsens,
die Größe der Tat,
die Herrlichkeit der Kraft.

Denn das **Gestern** ist nichts als ein Traum
und das Morgen nur eine Vision.

Das **Heute** jedoch – recht gelebt –
macht jedes Gestern zu einem Traum voller Glück

und jedes **Morgen** zu einer Vision voller Hoffnung.

Darum achte gut auf diesen Tag.

Aus dem Sanskrit

Fast Reader

1. Der Tempel der Gelassenheit

Gelassenheit hat nichts mit Gleichgültigkeit zu tun. Gelassen zu sein heißt, die innere Balance zu wahren, um besonders in schwierigen Situationen entspannt und angemessen zu reagieren.

Sie können sich die Gelassenheit bildlich als einen Tempel vorstellen. Seine Stabilität hängt von vier tragenden Säulen ab:

- **Achtsamkeit**
- **Glück**
- **Spiritualität**
- **Humor**

Wie sieht Ihr Tempel der Gelassenheit aus? Wie stabil ist er? Finden Sie heraus, an welcher Säule Sie noch arbeiten sollten, um noch gelassener durchs Leben zu gehen.

2. Achtsamkeit

Das Training der Achtsamkeit unterstützt Sie dabei, öfter im Hier und Jetzt zu sein. Sie lernen, das eigene Denken und Fühlen zu beobachten, und werden dabei in die Lage versetzt, alles in Relation zu sehen und sich neu auszurichten.

Achtsamkeit steigert Ihre Selbst- und Fremdwahrnehmung. Dadurch lernen Sie sich und Ihre Mitmenschen besser kennen und können im Alltag adäquat und gelassen reagieren. Praktizieren Sie regelmäßiges Mentaltraining und lernen Sie, Stress fördernden Gedanken und negativen Emotionen durch Achtsamkeit die Macht zu entziehen.

- **Konzentrieren Sie sich auf Ihren Atem; nutzen Sie ihn als Anker, um im Hier und Jetzt zu bleiben.**
- **Schaffen Sie Distanz zu belastenden Gedanken, indem Sie sozusagen die „Reset"-Taste drücken. Auf diese Weise bleiben Sie handlungsfähig.**
- **Nutzen Sie mentale Techniken wie Handgesten, um den Zustand der Gelassenheit abzuspeichern und bei Bedarf zurück in Ihr Bewusstsein zu holen.**
- **Gehen Sie bewusst und verantwortungsvoll mit Ihren Gedanken und Emotionen um.**

- *Üben Sie, Nein zu sagen, um sich gegen Angriffe auf Ihre Autonomie zu wappnen.*

3. Spiritualität

Wenn wir den Begriff der Spiritualität entmystifizieren, beschreibt er die Suche nach der Tiefe des Lebens, gepaart mit dem Bedürfnis, die eigenen Werte und Ziele zu überprüfen, sich gegebenenfalls neu aufzustellen. Denn um unseren (Arbeits-) Alltag gelassen meistern zu können, ist es wichtig, dass wir einen Sinn sehen in dem, was wir tun. Entscheidend ist dabei ein Gefühl des Eingebundenseins, der Zugehörigkeit, das in einem Umfeld entstehen kann, das von Authentizität und ehrlicher Wertschätzung geprägt ist.
Die spirituelle Dimension im Coaching kann dazu beitragen, eigene Kraftquellen zu entdecken und auszubauen. Gezielte Fragen und Denkanstöße können dabei helfen, die eine oder andere Tür zu öffnen. Seien Sie also offen und entdecken Sie die Vielfalt der Möglichkeiten, Ihr Bewusstsein zu erweitern.

30 *Bedenken Sie, dass Geld allein Ihr Leben nicht mit Inhalt füllt, auch wenn es Rahmenbedingungen schafft, die es Ihnen ermöglichen, entspannter an das Thema heranzutreten. Nutzen Sie den Weg der Mitte als Navigationshilfe, um sich von* den Extremen fernzuhalten, und Sie werden zum Felsen in der Brandung statt zum Hamster im Rad. Folgende Übungen weisen Ihnen dabei die Richtung:

- **Die Ruhe im Sturm:** Visualisieren Sie, was alles im Alltag auf Sie einstürmt, und verweilen Sie ruhig im Auge dieses Sturms.
- **Metta-Meditation:** Kultivieren Sie Mitgefühl und Empathie.
- **Hinterfragen Sie,** ob Sie in allen Lebensbereichen auf dem Weg der Mitte sind.
- **Kompass der Genügsamkeit:** Überlegen Sie, was Sie wirklich brauchen, worauf Sie verzichten können und was Sie sogar als Ballast empfinden.

4. Glück

Das große Glück ist ein Mosaik aus vielen kleinen Freuden, die uns jeden Tag erreichen. Wir müssen sie nur achtsam wahrnehmen und dankbar annehmen.

Arbeiten Sie mit Ihrem Glück Hand in Hand. Überlegen Sie, was Sie glücklich macht, achten Sie auf kleine Freuden und seien Sie dankbar für Glücksmomente. Mit ein bisschen Übung werden auch Sie ein glücklicherer Mensch, ganz ohne Hokuspokus und rosarote Brille.

30 *Jeder Moment in unserem Leben hat das Poten-zial, uns glücklich zu machen. Auch wenn Glück sich nicht erzwingen lässt, können wir die Denk- und Verhaltensweisen, die es fördern, erlernen.*

- *Achten Sie auf kleine Freuden und Glücksmo-mente in Ihrem Alltag. Halten Sie sie beispiels-weise in einem Glückstagebuch fest.*
- *Üben Sie sich darin, Dankbarkeit zu empfin-den.*
- *Bauen Sie sich ein Glücksnetzwerk auf, indem Sie sich Menschen und Aktivitäten widmen, die Sie glücklich machen.*
- *Gerade die Menschen, deren Glück uns beson-ders am Herzen liegt, fordern uns am meisten heraus – machen Sie sich das bewusst und ver-suchen Sie, Gelassenheit in der Familie zu be-wahren.*
- *Verbringen Sie wertvolle Zeit mit Ihren Kindern und stellen Sie bei ihnen bereits die Weichen für mehr Glücksempfinden.*

5. Humor

Humor ist mehr als ein paar Witze in geselliger Runde. Es ist eine Geisteshaltung, die uns hilft, unsere Schwächen und Alltagssorgen zu relativie-ren und so den nötigen Abstand zum Ernst des Lebens zu gewinnen. Je öfter Sie über sich selbst lachen, desto öfter stellt sich heitere Gelassenheit in Ihrem Gemüt ein. Mit ein bisschen Übung wird sich Ihre Sicht auf die Welt positiv verändern.

Als humorvoller Mensch leben Sie deutlich entspannter und gelassener. Sie nutzen das Lachen als Erfolgsstrategie und gleichzeitig als Balsam für die Seele. Ganz nebenbei halten Sie sich fit, denn Sie trainieren 300 verschiedene Muskeln, die beim Lachvorgang aktiviert werden – und das ist nur eine von vielen gesundheitsfördernden Auswirkungen des Lachens. Folgende Übungen helfen Ihrem Humor auf die Sprünge:

- **Lassen Sie eine Karikatur von sich anfertigen oder zeichnen Sie sich selbst mit Ihren charakteristischen Vorzügen und komischen Merkmalen.**
- **Überlegen Sie, wie Sie bestimmte Konflikte, die Sie erlebt haben, mit Humor hätten entschärfen können.**
- **Peppen Sie Ihre nächste Rede oder Präsentation mit lustigen Elementen auf.**
- **Lachen und lächeln Sie ganz bewusst, auch wenn Ihnen zunächst nicht danach ist – Ihr Gehirn reagiert darauf und schüttet Glückshormone aus.**
- **Techniken wie Lachyoga wirken tatsächlich. Seien Sie dafür offen und gehen Sie einmal zu einem Lachyogatreff.**

6. Gelassenheit als Erfolgsfaktor

Als Resilienz wird die psychische Widerstandskraft bezeichnet, die unter anderem auf Frustrationstoleranz und emotionaler Intelligenz beruht. Resiliente Menschen sind gelassener – und umgekehrt gilt: Wer seine Gelassenheit trainiert, fördert auch die eigene Resilienz.

30

Resilienz, die Grundlage des „Stehaufmännchen-Prinzips", hilft dabei, Krisenzeiten unbeschadet zu überstehen, gesund zu bleiben und die eigene Lebensfreude nicht zu verlieren. Mithilfe der vier Säulen der Gelassenheit können Stärken, die die Resilienz fördern, gezielt generiert werden. Beide Fähigkeiten zusammengenommen bringen Sie im Leben dauerhaft auf Erfolgskurs. Haben Sie dabei Folgendes im Blick:

- **Eine wirkungsvolle Emotionsregulation ist wichtig für Gelassenheit und Resilienz. Gibt es Situationen, in denen Sie sich unnötig ärgern? Überlegen Sie, wie Sie diesen Ärger vermeiden können.**

- **Lernen Sie, Krisen als Chancen zu sehen. Vielleicht fällt Ihnen ja eine Krise in Ihrem Leben ein, durch die Sie sich weiterentwickeln konnten?**

Die Autorin

Monika Alicja Pohl ist Physiotherapeutin und Fachwirtin für Prävention und Gesundheitsförderung (IHK). Als Inhaberin der Firma *Lebensstil Gesundheit* bietet sie Schulungen und Vorträge zu Themen gesunder Lebensführung und einem wirkungsvollen Stress- und Selbstmanagement an. Basierend auf dem Konzept der Mind-Body-Medizin stehen dabei das Achtsamkeitstraining und die Fähigkeit, inneres Potenzial zu entfalten, im Vordergrund. Bekannt geworden durch eigene Weiterbildungskonzepte und diverse Veröffentlichungen, vermittelt sie ihr Wissen stets mit Charme und Humor.

Kontakt:
Lebensstil Gesundheit
Weiler Weg 22
53859 Niederkassel
Tel.: (02208) 909250
www.lebensstil-gesundheit.de

Weiterführende Literatur

- Davidson, R.: Warum wir fühlen, wie wir fühlen. Arkana Verlag, München, 2012.

- Ennenbach, M.: Buddhistische Psychotherapie. Windpferd Verlag, Obersdorf, 2012.

- Fredrickson, B. I.: Die Macht der guten Gefühle. Campus Verlag, Frankfurt am Main, 2011.

- Hänsel, M.: Die spirituelle Dimension in Coaching und Beratung. Vandenhoeck & Ruprecht Verlag, Göttingen, 2012.

- Heß, H.: Erzählbar. 2. Auflage, managerSeminare Verlag, Bonn, 2013.

- Köcher R./Raffelhüschen B.: Deutsche Post Glücksatlas 2013. Knaus Verlag, München, 2013.

- Pohl, M. A.: 30 Minuten Business-Meditation. GABAL Verlag, Offenbach, 2013.

- Pohl, M. A.: Bewegte Meditation. Trias Verlag, Stuttgart, 2014.

- Vogler, J.: Erfolg lacht. GABAL Verlag, Offenbach, 2012.

Register